高3になると多くの選択科目が用意され、希望する進路に沿って選んでいきます。

「社会で活躍するためには、文系と理系の2つの枠組みにとらわれることなく、豊かな教養を身につけることが求められます。ですからリベラルアーツを重視し、進路にかかわらず幅広く学ぶカリキュラムを組んでいます。国公立大学受験にも十分に対応できるでしょ[illegible]。

[illegible]、生徒の『学びたい』とい[illegible]応えるのが学校の役目[illegible]3の選択科目は全員[illegible]とに時間割を組[illegible]施されるから[illegible]方しか選択できな[illegible]たことが起きないように最大限調整しています」と佐藤校長先生。

好奇心を刺激し インパクトを与える授業

では、実際にどのような授業が行われているのか、例として英語と生物についてみてみましょう。

英語では、4技能をバランスよく育てることが意識されるとともに、高3では大学レベルの文章を扱う独自のテキスト『The Kuniko Heritage』を活用します。

「『The Kuniko Heritage』には、感染症や環境問題、科学技術など、多様なテーマを盛り込んでいます。高校生にとっては高度な内容かもしれませんが、生徒は臆することなく、こんなに難しいものに挑戦できる、と好奇心を持って臨んでいますね」（佐藤校長先生）

生物では、実験や実習の時間が豊富に用意されています。「実際の体験を重視する」との考えから、ときには実際に動物の観察、解剖を行い、組織やその構造を自分の目で確かめます。

「たとえ資料集に写真が載っていたとしても、写真で見るのと実際に目にするのでは、生徒が受けるインパクトが違うでしょう。そして、実物を観察するからこそ気づくこともきっとあるはずです」と

文化祭・垂れ幕

佐藤校長先生は説明されます。

こうした教育が評価され、国立高は、2021年度から理数研究校の指定を受けました。指定初年度は大学教授によるミニ講義を開催し、今後も新たなプログラムを順次展開していく予定です。

「取り組みの成果をアウトプットする機会も用意したいと考えています。これまでも生徒同士の話しあいや教えあいなど、アクティブラーニングを各授業で取り入れてきましたが、今後も生徒の『自分の言葉で伝える力』を育てていきます」(佐藤校長先生)

楽しむだけじゃない 成長につながる行事

さて冒頭でもお伝えしたように、国立高は行事が盛んな学校です。

プロのオーケストラや声楽家とともに歌う第九演奏会は、希望者対象の行事ですが、多くの生徒が参加します。コロナ禍以前は、なんと400人以上の合唱で歌声を披露することもあったそうです。

「第九演奏会は2年続けて中止になりました。しかし、これまでの経験を活かして、感染対策のための換気を促す東京都の『東京動画』制作に協力しました。第九・歓喜の歌を歌った動画『換気の歌編(協力・都立国立高校)』です。生徒の第九への思いが消えていないのを感じましたね」と佐藤校長先生。

また、文化祭・体育祭・後夜祭で構成される国高祭は、国立高最大の行事です。

ここでは、文化祭について紹介

授業

授業に真剣に臨む、それが国立高生の姿です。どの授業でも、自分の意見を言葉で伝える力の育成が意識されています。

施設

実験を数多く行う国立高には、化学・生物・物理の実験室・講義室があり、また天体ドームも備えられています。そのほか、生徒の自主学習を支援する環境も整っています。

自習室

図書館

生物実験室

体育祭

第九演奏会

行事

クラスマッチや遠足、第九演奏会、国高祭（文化祭・体育祭・後夜祭）など、多彩な行事を実施する国立高。コロナ禍以前の文化祭は、例年約１万人が来場していました。高３生はクラス演劇を披露するのが恒例で、最優秀作品には「アカデミー賞」が贈られます。

文化祭・クラス演劇

文化祭・装飾

文化祭・立て看板

します。その特色はなんといっても、高3の全クラスがクラス演劇を披露することです。題材を決めるところから始め、大道具・小道具作り、演技の練習など、1年をかけて準備します。それぞれが自分の役割を果たし、クラス一丸となって作り上げるのが、クラス演劇なのです。脚本はオリジナルのものを書くこともあれば、プロによる既存のものをアレンジする場合も。脚本家の方に許可をとる際も、教員ではなく生徒自ら行うそうです。

「2020年度は動画配信の形でしたが、2021年度は一般公開はしないものの、高3の全クラスが例年通りクラス演劇を行うことができました。高3生は実施にあたり『高1、高2はクラス演劇を見たことがない。自分たちがやらなければ、先輩から受け継いできたものを後輩に遺すことはできないんです』と語っていました。自分たちがやりたいからやる、ではなく、後輩のことを考えてくれたのが嬉しかったですね。演者、裏方スタッフに加え、何人であれば密にならないのか、二酸化炭素濃度を測りながら検討するなど、感染対策を十分に行い、無事に本番を迎えました。

行事はただ楽しむだけのものではありません。彼らならではの発想をしたり試行錯誤の繰り返しもあります。その経験が生徒を成長させてくれます。改めて行事は大切な活動なのだと実感しました」（佐藤校長先生）

文武両道に励む国立高生　サポート体制も万全

都立高校では唯一といわれるクラシックバレエ部もある国立高は、兼部を含め１００％を超える部活動参加率を誇ります。

こうした部活動に熱心な生徒たちを支援する体制も万全です。部活動後も使用できるように、自習室は19時45分まで開いています。定期考査の前には、卒業生がサポートティーチャーとして来校し、質問や相談にも応じてくれます。さらに、長期休暇中の講習も数多く実施されており、その数は夏期講習だけで１００を超えるといいます。

「部活動に一生懸命取り組んでいた生徒が難関大学に合格するケースがよくみられます。彼らには、優先順位を考えメリハリをつけて物事に取り組むタイムマネージメントの力が身についているのを感じます。また、１つひとつの授業に集中して臨んでいますね。

予習、課題、復習にきちんと取り組むことで着実に力はついていきますし、加えて講習もあるので、校内で大学受験に向けた対策がしっかりとできる学校です」と佐藤校長先生。

高い意識を持って　第1志望をめざす

ここまで、勉強にも行事にも部活動にも熱い国立高生の姿を紹介してきました。しかしじつは、熱い気持ちを持っているのは、在校

部活動

多くの生徒が文武両道を体現しています。40を超える部があり、さらに同好会も活動しています。

少林寺拳法部

体操部

クラシックバレエ部

弦楽合奏部

山岳部

生だけではありません。

「同窓会も熱いんです（笑）。これまでも高1・高2の学年全体を対象に、卒業生による進路講演会を実施していましたが、より少人数のグループで話を聞ける進路懇談会（高1対象）を開きたいとお願いしました。すると、快く引き受けてくれて、初年度にもかかわらず、医師や弁護士、大学の教授など、なんと16人が来校してくれたんです。生徒はロールモデルとなる卒業生の話を真剣に聞いていました」（佐藤校長先生）

　そのほか、進路指導としては、模擬試験の結果を学年集会で振り返ったり、大学の教授から模擬授業を受けるといったプログラムもあります。そして、東大見学会や京大ツアーも。実際にキャンパスを訪れることで、大学受験、そして第1志望への意識を高めているのです。

　進学指導重点校として、高い大学合格実績を示すことで名をはせる国立高。しかし、その教育は学習指導だけに特化したものではありません。色々なことに積極的にチャレンジする充実した3年間を送れる学校です。

　最後に佐藤校長先生は「あることに挑戦しようと思ったとき、失敗をおそれて、『できるか』『できないか』という結果を先に考えてしまうこともあるかもしれません。しかしそんな必要はなく、授業や学校のなかでは失敗したっていいんです。間違ったっていいんです。大切なのは『できるか』『できないか』ではなく、『やるか』『やらないか』です。

　自分の頭で考えて自分なりに頑張る、必要なのはその姿勢です。そのなかで将来必要となる『よりよく生きる力』を養い、社会に貢献できる人材に育ってくれると嬉しいですね。どのような形で貢献するかも正解があるわけではありません。それぞれの道を見つけてほしいと思います。これからの社会はみなさんにかかっています」と話されました。

進路指導

生徒の第1志望合格をサポートするための進路指導プログラムも充実。16のグループに分かれて卒業生の話を聞く進路懇談会もスタートしました。

進路講演会

進路懇談会

大学模擬授業

■2022年3月　大学合格実績抜粋　（ ）内は既卒

国公立大学		私立大学	
大学名	合格者数	大学名	合格者数
北海道大	11（4）	早稲田大	151（37）
東北大	8（2）	慶應義塾大	83（22）
筑波大	5（1）	上智大	78（15）
東京大	19（8）	東京理科大	106（36）
東京医科歯科大	1（0）	青山学院大	36（8）
東京外国語大	6（1）	中央大	73（26）
東京工業大	22（6）	法政大	50（22）
一橋大	14（4）	明治大	152（53）
横浜国立大	11（1）	立教大	42（17）
京都大	15（5）	学習院大	6（1）
大阪大	4（1）	津田塾大	6（1）

写真提供：東京都立国立高等学校　※写真は過年度のものを含みます。

その研究が未来を拓く

研究室にズームイン

明治大学理工学部
機械工学科ロボット工学研究室　専任教授
黒《くろ》田《だ》洋《よう》司《じ》先生

社会に貢献するロボットを作る

日本には数多くの研究所・研究室があり、そこではみなさんの知的好奇心を刺激する様々な研究が行われています。このコーナーではそんな研究所・研究室での取り組みや施設の様子を紹介していきます。今回は多くのロボットを作り、また会社も立ち上げている明治大学の黒田洋司先生の研究活動についてお伝えします。

画像提供：黒田洋司先生、SEQSENSE株式会社

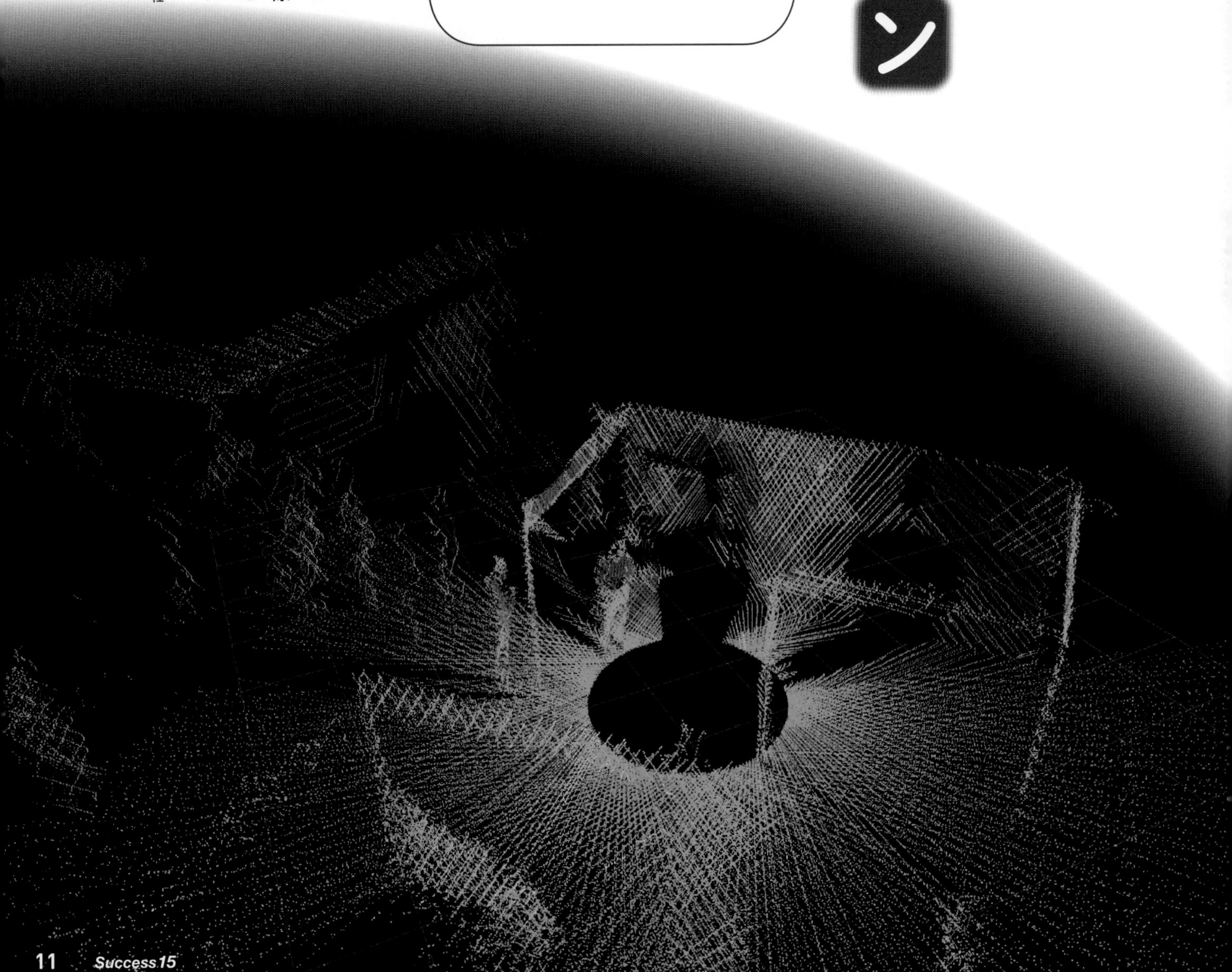

黒田《くろだ》 洋司《ようじ》

東京大学大学院工学系研究科博士課程後期修了、博士（工学）、SEQSENSE株式会社Co-Founder、1995年から明治大学理工学部専任教授

ロボット研究の終わりの始まり

「ロボット」と聞いて、みなさんは、どのようなものをイメージしますか。家のなかを走り掃除をする、工場で作業する、ペットとして人間に癒やしを与える……などなど様々なロボットが思い浮かぶでしょう。

さて、今回紹介するのはロボット研究者である明治大学の黒田洋司教授。警備ロボット「SQ-2」を扱うSEQSENSE（シークセンス）株式会社を設立した方でもあります。「SQ-2」はどんなロボットかというと……それはあとのお楽しみにとっておき、まずはロボット研究のいま、そして黒田教授はこれまでどのような研究を行われてきたのかについてみていきましょう。

黒田教授は東京大学在学中から、多くのロボットを作ってこられました。そんな黒田教授いわく「いま、大学におけるロボット研究は終わりの始まりを迎えている」とのこと。どういうことなのでしょうか。

自動車や飛行機を例にみてみます。これらはかつて大学で盛んに研究が行われていました。それは基礎研究と呼ばれ、実用化が図られる前の段階のものです。基礎研究の結果、自動車や飛行機作りが産業として成り立つようになると、研究の場は大学から企業に移り、今度は企業が莫大な資金をかけてさらなる開発を進める、という道をたどるそうです。

ロボット研究は、いままさに少しずつ大学から企業へと研究の場が移っているといいます。

乗りものが好きで「ビークル」の製作へ

黒田教授は、船舶工学科の出身です。志望理由を尋ねてみると「幼いころから自動車や飛行機、船などの乗りものが好きだったんです。それで大学では船の研究をしようと思いました。しかしいざ入学してみたら船にかかわる研究の場は、すでに企業に移り始めていて……。そこで取り組んだのが、いまの研究にもつながる水中ロボットの製作です」と話されます。

さらに「『ロボット製作』と聞くと、『人型ロボット』を作っているとイメージされる方もいるかもしれません。しかし、私が作っているのは英語でいう『ビークル』です。日本語に訳すと『乗りもの』となりますが、『ビークル』は人が乗るものに限りませんので、どちらかというと『移動するもの』『移動体』といったイメージでしょうか。

水中ロボットのほかにも、これまでに最大時速約12kmで進むことができる水上ロボットや惑星を探査するロボット（ローバー）、放射線測定を行うロボットなどを作ってきました」と続けます。

「リュウグウ」「地球」で活躍するローバー

ここでは、惑星探査にかかわるものについて紹介しましょう。

みなさんは「はやぶさ2」に搭載された「ミネルバⅡ1」が撮影した小惑星「リュウグウ」の写真を見た

㊤大学時代に製作した水中ロボット。ロボットに仮想の障害物を認識させるといった、いまでいう「AR（Augmented Reality、仮想現実）」の技術にも取り組んでいました。
㊦琵琶湖を走行していた水上ロボットです。エネルギーはすべて太陽電池でまかなったとのこと。

ことがあるでしょうか。この偉業を達成した「ミネルバⅡ1」の開発にも黒田教授は参加していました。

「日本で作った実験装置を持ってフランスのボルドーに行きました。そこで実験→失敗→調整を繰り返し、やっと完成させたんです。大学での仕事もありますから、ボルドー滞在は2週間のみ。寝る間も惜しんで取り組みましたね。ボルドーはワインの産地で有名なので、行く前はワイナリーを訪れようと楽しみにしていたんですが、そんな暇はなかったです（笑）」（黒田教授）

忙しいなか、パワフルに活動される様子に、その原動力はどこにあるのか尋ねてみると「好きだからでしょう」と笑顔を見せます。

「もちろん大変なことも多いですが、それでも研究を続けているのは楽しいからですよ。『ミネルバⅡ1』は、だれも見たことがない小惑星の写真を撮ってきた。それってすごいことですよね。自分がそうしたロボットの開発にかかわれることが楽しくて仕方ないんです」（黒田教授）

ほかにも火山調査をするローバーを製作。「ローバーは惑星を探査するものなのに、地球で使われるの？」と思われる方もいるかもしれません。しかし、「地球」も惑星の1つですから、地球で探査を行うロボットも立派なローバーなのです。

対象は東京・伊豆大島にある三原山。1986年に大噴火し、全島民が避難するという事態になりました。当時、噴火の予測はできておらず、その教訓もあって、自動で現地調査をするロボットの必要性が高まったそうです。

「火山を調査するためには熱に強いことが求められますし、三原山は平均風速15ｍと苛酷な環境なので、それに耐えうるものでなければなりません。色々と難しい面があり、なかでも労力を割いたのはエネルギー面ですね」と黒田教授。

多くのロボットはモーターで動いており、そのモーターを動かすのは電気です。このロボットでは太陽光で発電する太陽電池が使われました。三原山のような周囲に建物がない、ひらけた場所であれば、必要な電力が存分にチャージできると考えられます。しかしじつは一日のなかで充電が可能なのは、日が高い4～5時間だといいます。残りの時間は充電した電力を使って活動しなければなりません。

そのために電力をチャージできない天候や夕方になるとスリープするように設定しました。スリープモードでは、目覚まし機能をセットして、そのほかの機能はすべてオフにします」（黒田教授）

無重力実験施設のあるボルドーに到着した黒田教授。「好きだからこそ、大変でも乗り越えられる」の言葉通り、2週間作業に没頭したそうです。

伊豆大島の三原山で火山を調査していたロボット。上記のようにGPSや気象観測機器、カメラなどが備えられていました。

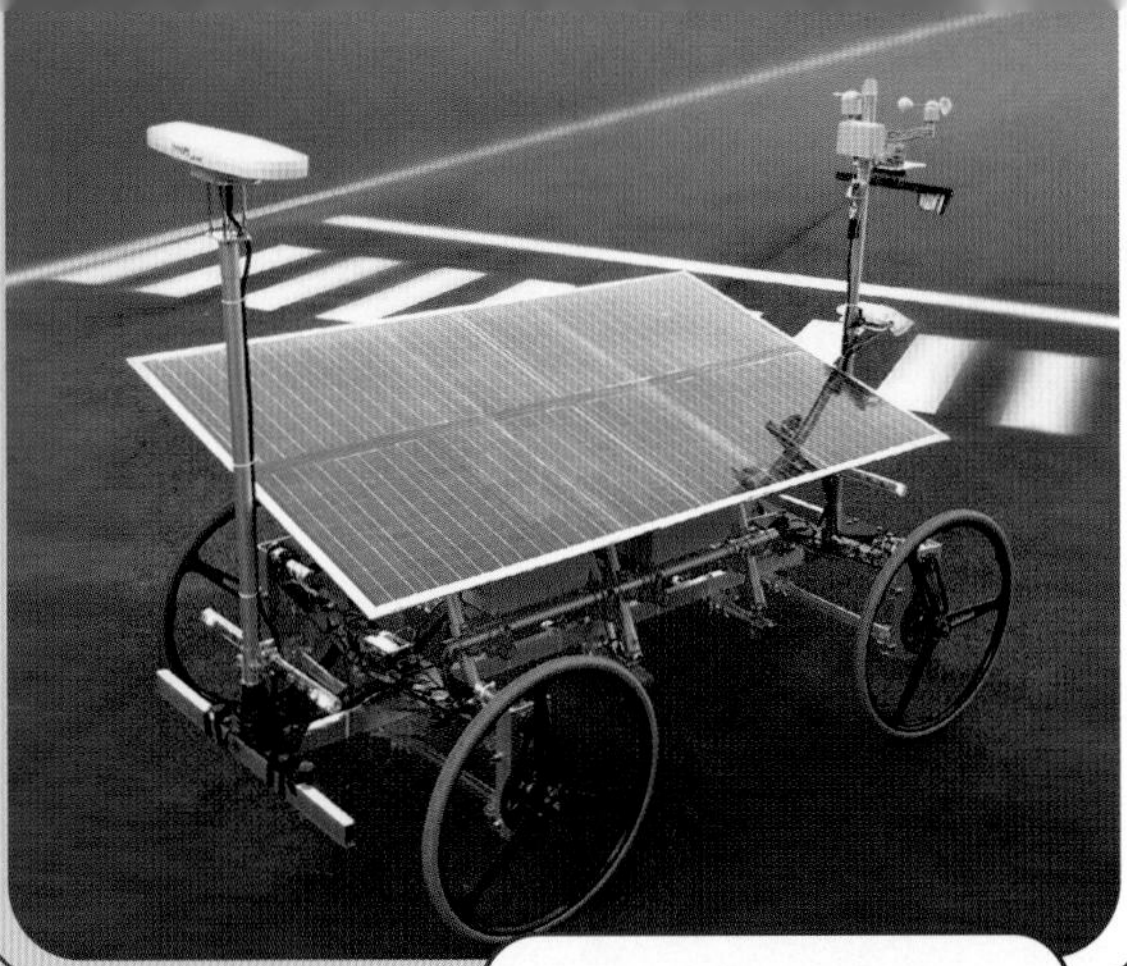

人が立ち入ることが難しい場所でも自動で放射線量を測定してくれるロボット。まさに、社会に貢献するロボットの1つといえるでしょう。

レーザー光を放ち周囲の状況を把握

火山調査ロボットのシステムを活用して、黒田教授は放射線量を測定するロボットも作られたそうです。無人の実験場で40日間、放射線量を自動で計測し続ける試験にも成功しました。

このように自ら動くことのできるロボットは「自律型移動ロボット」と呼ばれます。注目したいのは、ロボット自身が周りの状況を把握し障害物を避けながら走行していること。

それを可能にしているのは1秒間に70万発も放たれるレーザー光です。レーザー光が反射して戻ってくる時間や角度によって、周囲にあるものの形や距離を判別します。さらに人工知能（AI）を搭載することで、それが人から反射したものなのかを認識することも可能に。すると人が移動する方向を予測したり、人のデータを取り除いた詳細な地図を作成したりすることもできるというから驚きです。

黒田教授は、「AI技術のおかげで、ロボットはより柔軟な活動ができるようになります。例えば、建物の1階から4階に移動する指示を与えれば、1階にいるロボットが自分でエレベーターのボタンを押し、扉が開いたら、自分が乗るスペースがあるかどうか判断してから乗り込みます。たとえ途中の階でドアが開いたとしても、間違えることなく4階で下りるんですよ」と話されます。

警備員とともに働く高性能な「SQ-2」

このように多彩なロボットを製作してきた黒田教授。その経験を活かして開発したセンサー技術を、冒頭でお伝えしたシークセンスの警備ロボット「SQ-2」に提供しました。「SQ-2」はすでに東京や大阪、新潟などで、計30台ほどが24時間体制で働いているといいます。

膨大な数のレーザー光を放ち、周囲にあるものや人を認識します。人のデータのみを削除することも可能。このシステムの元になるのは、数学の「確率」の計算式だと黒田教授は話します。

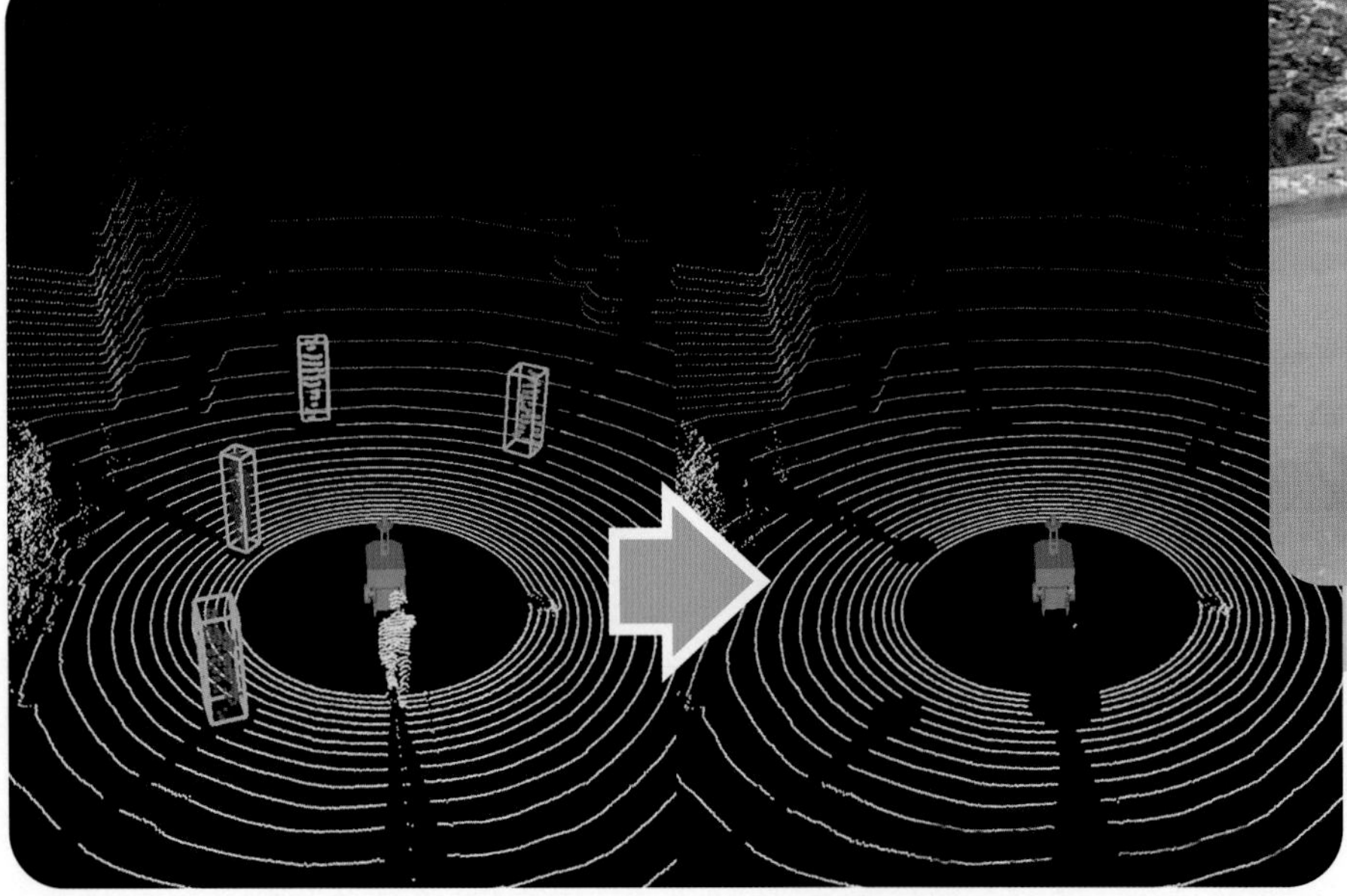

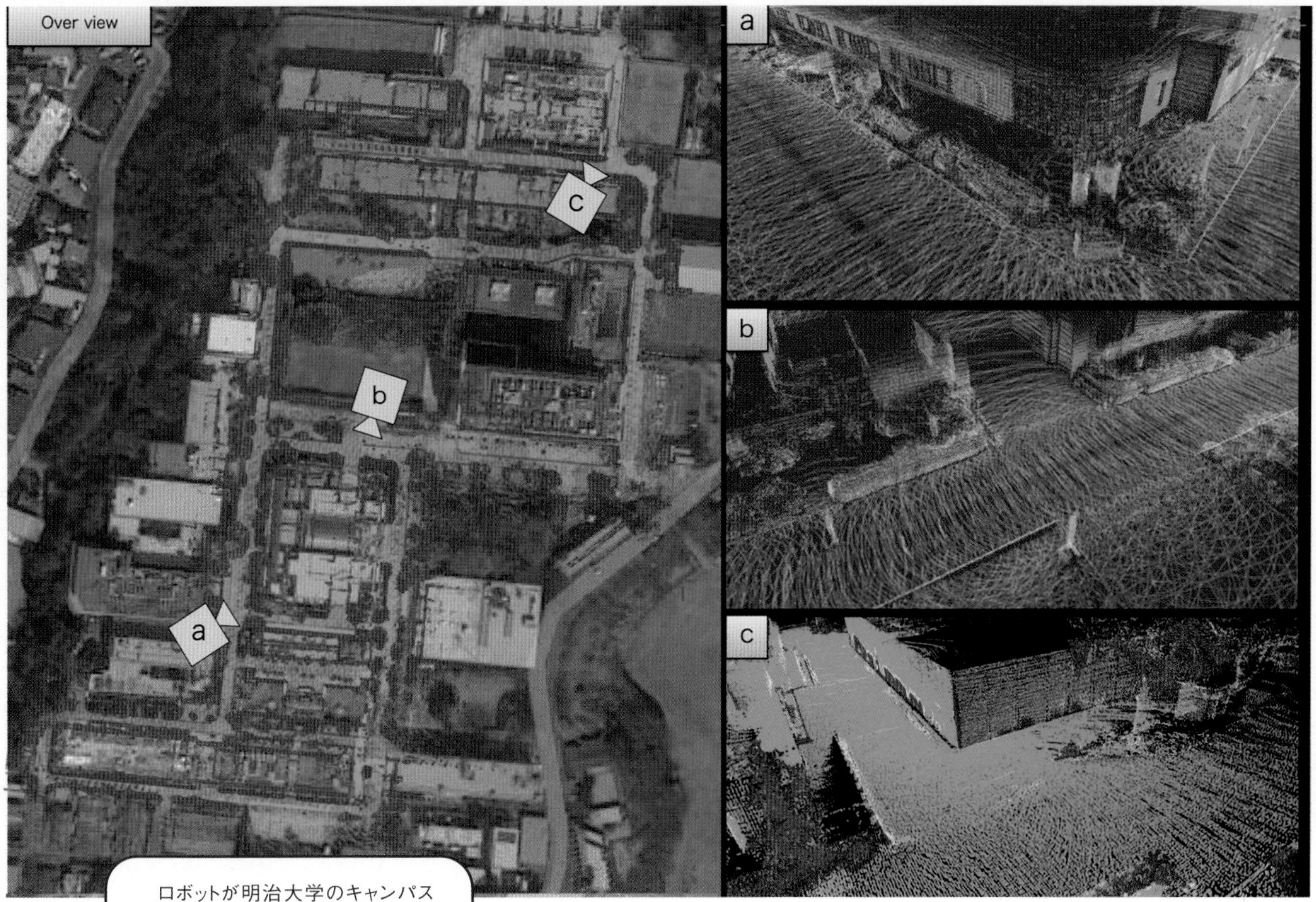

ロボットが明治大学のキャンパスを走行し、精密な地図を作りました。

ところでみなさん、警備ロボットと聞いて、どのような活動をすると思いますか。怪しい人物を見つけて捕まえる、といったことでしょうか。しかし、警備会社がロボットに求めているのは、そんなことではないといいます。

「警備員の仕事は、来館者のチェック、施設管理、巡回と数多くあります。しかし、近年は人手不足に悩まされているんです。日々の煩雑な仕事を代わりに行う、それが警備ロボットに期待されていることです」（黒田教授）

ビルで働く警備員の主要な仕事の1つ、建物の巡回を例に考えてみます。巡回では怪しい人物が入り込んでいないかもチェックしますが、それ以外に施設管理として、閉まっているべき扉が開いていないか、備品がいたずらされることなく所定の位置にあるか、監視カメラの死角となる場所に異常がないか、などなど多くの項目をチェックしているのです。

大きなビルであれば、チェック項目が100以上になることもあるとか。さらに、巡回後には、異常があったのかなかったのか、レポートにまとめる作業も発生します。

こうした煩雑な作業を「SQ-2」は代わりに行えるというのです。自動で走行し、チェックすべき箇所では時刻入りの写真を撮影、あらかじめインプットされていた正常時の写真と比較し、異常がないかを判断します。

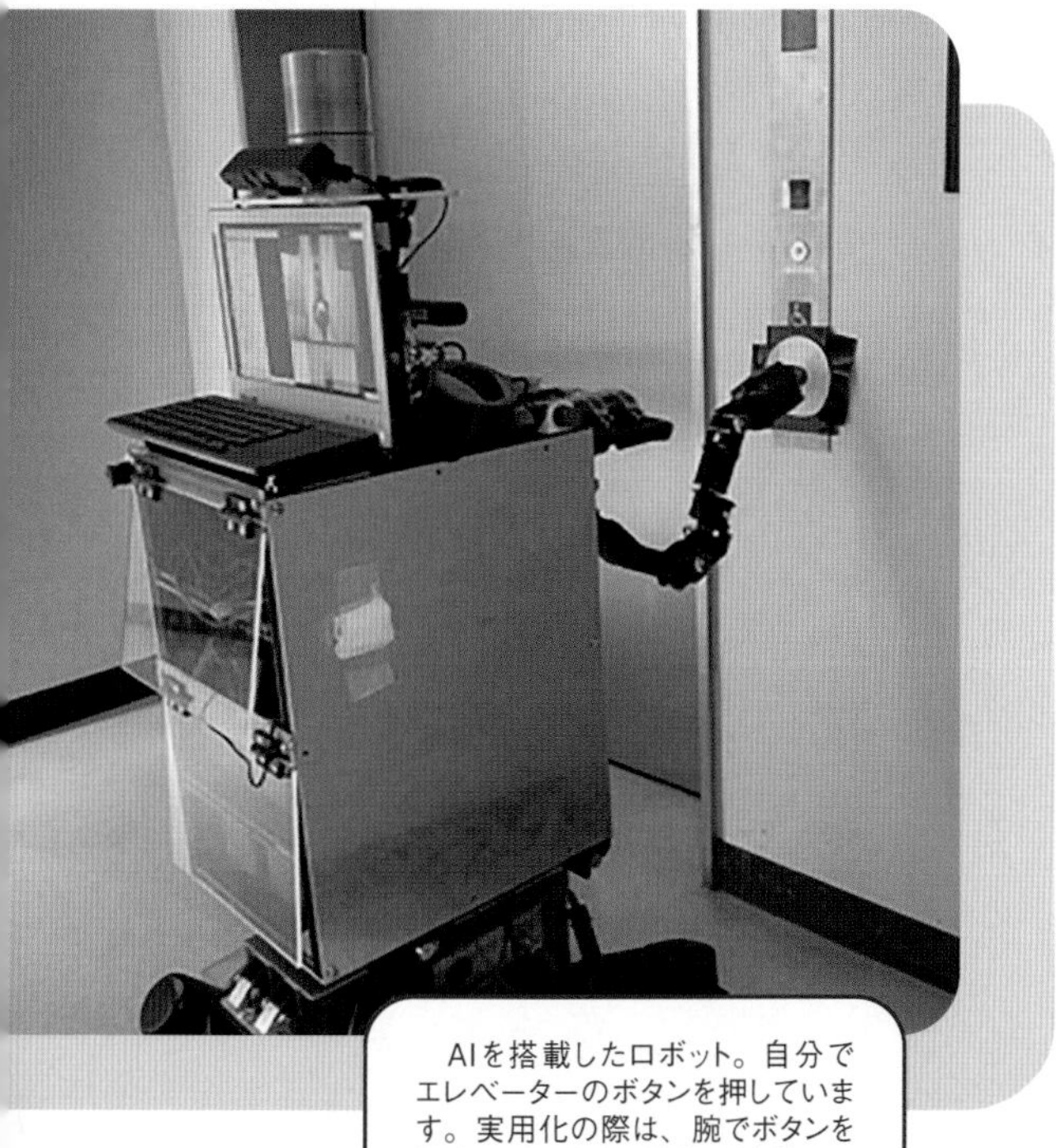

AIを搭載したロボット。自分でエレベーターのボタンを押しています。実用化の際は、腕でボタンを押すのではなく、通信で連絡してエレベーターを呼ぶようにします。

SEQSENSE
SEQSENSE株式会社の
警備ロボット「SQ-2」
全高：130 cm
重量：65 kg
充電時間：1.5 時間
稼働時間：6 時間
カメラ
前方の様子をリアルタイムで映し出す「高解像度カメラ」と360度撮影できる「360度カメラ」の2つを備えます
マイク・スピーカー
警備員室から、ロボットを介した来館者への声かけや、問い合わせが可能
3D LIDAR
自分の位置を推定し、3Dマップを作成できる「3D LIDAR」というシステムを搭載
自動充電
充電が必要になると、自動で充電場所へ移動します

例えば、消火器がなくなっているといった大きな問題から、いたずらで消火器のピンが抜かれているといった細かいことまできちんと点検することができます。異常があった際はアラートを出し、モニター室に詰めている警備員に即座に知らせるので安心です。

巡回が終わると、撮影した写真は自動でインターネット上のクラウドに保存、レポートも自動で作成してくれます。

「私たちの知らないところでも、警備員は多くの仕事を抱えています。それを少しでも助けられないかと考えたんです。導入した現場からは、作業量の劇的な軽減が図れたことに加え、打刻入りの写真が残ることで、レポートの信憑性《しんぴょうせい》も上がったと嬉しい声が届いています」（黒田教授）

社会のニーズを把握し 自ら市場を切り開く

警備会社のニーズに応えた警備ロボット「SQ-2」。この「SQ-2」を取り扱う会社を黒田教授が立ち上げたのは、すでにお伝えした通りです。しかし大学教授が起業し、その後も大学での勤務を続けているのは珍しいことのようにも感じられます。起業にあたりどのような思いがあったのでしょう。

「ロボット研究が変革のときを迎えているのを感じ、自分も実用化にチャレンジしたいと思いました。また自分が開発した技術で社会に貢献できないかと考えたのが大きいですね。当初は、自動運転車の研究も行っていたのですが、すでに、大手の自動車会社が研究に乗り出していましたから、彼らに任せることにしました（笑）。

そして改めて考えてみたんです。世の中には車が走る場所よりも、走らない場所の方が多いのではないかと。多くの人が行き交う場所、そこにロボットを投入する、とても難しいことですが、だれもやっていないことだからやる価値があると感じました。そして実現すれば、労働力不足である日本の未来を救えるかもしれないと思いました」と話す黒田教授。

企業を立ち上げるためには、市場を自ら切り開くという熱い思いが必要だとわかります。さらに重要なのは、社会のニーズをきちんと把握すること。前述のように、警備会社がロボットに求めることを理解していたからこそ導入が実現したのです。

「社会のニーズは表面化していな

いことも多いです。それをいかにキャッチするかが大切ですね。また、企業としてやっていくためには、金銭面も考える必要があります。ロボットにお金を支払う価値があると思ってもらわなければなりませんからね」（黒田教授）

学生の研究を埋もれさせない

一方でシークセンスには、「学生の研究成果を保持・発展させる」という目的もあったそうです。

じつは、私立大学の研究室では、学生が博士課程まで残ることが少ないといいます。黒田教授が率いる明治大学の研究室を例にとると、学生が所属するのは大学4年になってから。その後、大学院の修士課程に進み、2年間研究を続けると、多くの学生が博士課程に進むのではなく就職していくそうです。

「修士過程まで進んだ彼らの実力ですと、いわゆる大手企業にも就職することが可能なんですよ。ですから、博士課程まで残ることなく、いなくなってしまうことが多いんです。それではせっかくの研究が埋もれていってしまい、あまりにもったいない。もう少し続ければよりよい成果が出て、東京大学をはじめ世界のトップ大学にもひけをとらない研究になるのに……と悔しい思いをしていました」（黒田教授）

そこで考えたのが、学生の研究成果を保持、発展させる場所を作ること。シークセンスの設立にはそうした思いも込められていたのです。さらに、学生がシークセンスに就職し、社会人として研究を進めていくことも可能に。働きながら自分の好きな研究に携わり、さらにはその後博士課程の学生として研究室に戻るという選択肢も生まれました。

「いまやっと私が思い描いていたことが実現しようとしています。研究室の学生とシークセンスとの共同研究が始まっていますし、同社に就職したのちに、大学に戻って活動できる環境も構築しました」と笑顔で語る黒田教授。

実体験を重視し身体を使って学ぶ

火山の調査や会社の立ち上げなど、「技術で社会に貢献する」ことが1つのキーワードに感じられる黒田教授の活動。学生にも「価値を見出せる研究」を行うようにアドバイスしているといいます。

「自分自身が心から重要な研究だと信じられるもの、さらに第三者も価値を感じられる、そんな研究テーマを見つけてほしいですね。『研究のための研究』では意味がないので、その技術を社会にどう活かせるかという視点を持つことが重要です」と話す黒田教授。

そこでロボット研究者に憧れる中学生にもアドバイスをお願いすると、「数学や理科をしっかり勉強してください。加えて考えを人に伝えられる力を養うために、国語や英語の勉強にも力を入れましょう。また、自分の好きなことにも一生懸命に取り組んでください。私は幼いころ、もの作りにはまっていました。プラモデル作りから始めて、バルサ材という木材を使った模型飛行機の自作にも挑戦しましたよ」と話されます。

模型飛行機作りは、その後の勉強にも役立ったそうで「作っていると、よく翼の根元が折れていました。だから、根元を太くして丈夫にしていたのですが、なぜ同じところばかり壊れるんだろうと不思議に思っていました。しかしじつはこれ、材料力学という学問分野で明らかにされた法則なんです。大学で初めて知った法則でしたが、幼いころに身をもって体験しているからこそ、すとんと理解できたのを覚えています」とのこと。

黒田教授は、幼いころの「乗りものが好き」という気持ちを持ち続け、そこに「社会に貢献する」という思いをプラスして、ロボット作りに取り組んでいます。

最後に読者へのメッセージを伺うと「本や教科書だけで知識を養うのではなく、色々な体験を通して、身体を使って学んでほしいと思います。釣りをして自然に親しむのもいいですし、スポーツをするのもいいですね。例えば野球でバットを振るスピードが速ければ速いほどボールは遠くまで飛んでいきます。それも物理法則としてわかっているんです。体験を通して理解していれば、勉強も難しくないはずですよ。自分で体験すること、それがみなさんの力になります」と話されました。

「やってみたいな」で終わるのではなく、興味を持ったことにはぜひ挑戦してください。そして気になったことはどんどん調べて知識を養いましょう。

明治大学理工学部
機械工学科ロボット工学研究室
所在地：神奈川県川崎市多摩区東三田1-1-1-D103
URL：https://amslab.tech/

日々の暮らしを彩る

陶磁器の世界にご招待！

古くから日本全国で親しまれてきた「陶磁器」。今回は、経済産業大臣が指定する「伝統的工芸品」のうち陶磁器にスポットを当てて、その魅力に迫ります。実際に陶磁器を制作する※伝統工芸士のお２人と、様々な伝統的工芸品を扱うショップ「伝統工芸　青山スクエア」の店長さんにお話を伺ってきました。

※伝統的工芸品の製造に従事し、高度な技術・技法を保持する者。陶磁器のほかに織物や漆器、和紙など様々な業種の伝統工芸士が認定されている。

全国各地で長く愛される陶磁器ってどんなもの？

まずは、陶磁器の基本的な歴史や作り方、おもな種類についてみていきます。日本で古くから親しまれている陶磁器、みなさんはいくつ知っていますか？

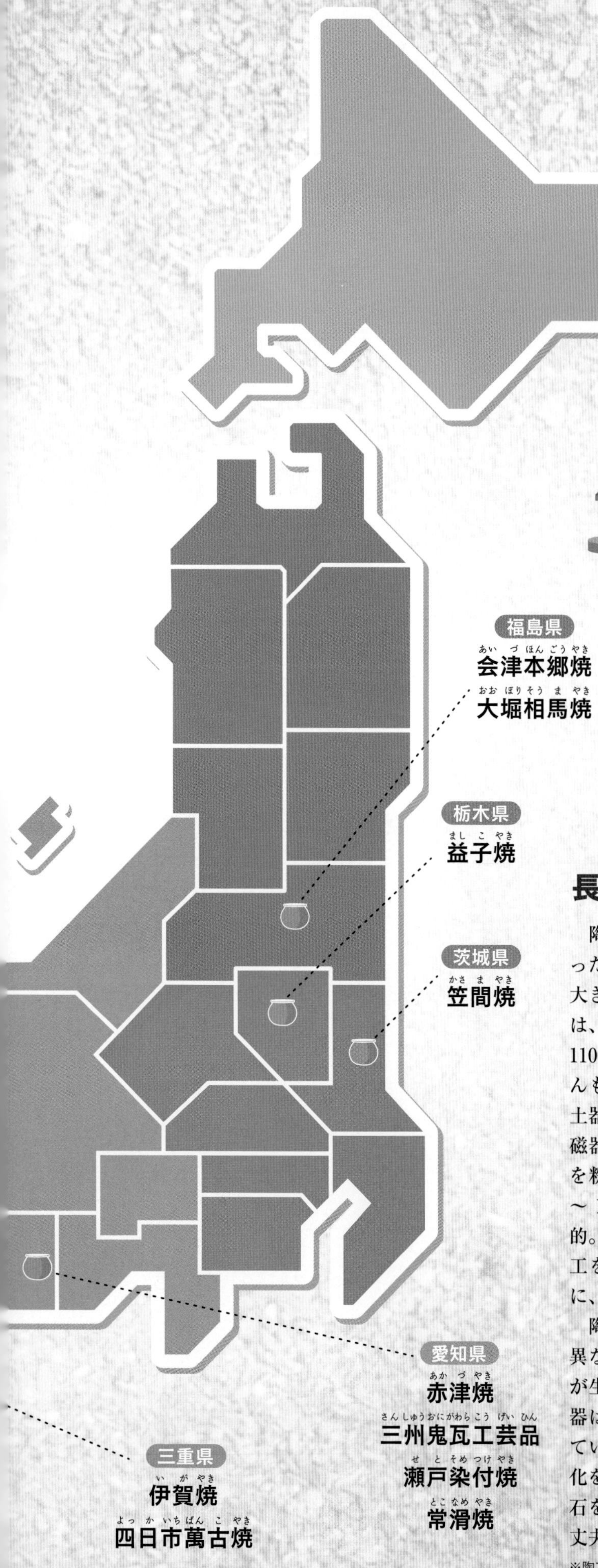

長い歴史を持つ「陶磁器」

陶磁器とは、土や石を原料に、焼いて作った製品の総称です。焼きものとも呼ばれ、大きくは陶器と磁器に分けられます。陶器は、陶土《とうど》と呼ばれる粘土をこねて成型し、1100℃～1200℃で焼いたものです。みなさんも教科書などで見たことがあるような、土器の作り方がもととなっています。一方、磁器は陶石《とうせき》という石を原料とします。陶石を粉状に砕いて水で練って形作り、1300℃～1400℃と陶器よりも高温で焼くのが一般的。1592年から始まる文禄・慶長の役で陶※工を朝鮮から連れ帰ったことをきっかけに、日本でも生産されるようになりました。

陶器と磁器はそれぞれ原料や焼く温度が異なるため、完成した製品にも違った特徴が生まれます。例えば、土でできている陶器は、磁器よりも耐水性が低いため、使っているうちに水分が染み入り、見た目の変化を楽しめる点も魅力です。対して磁器は、石を原料に高温で焼くため、耐水性が高く丈夫です。

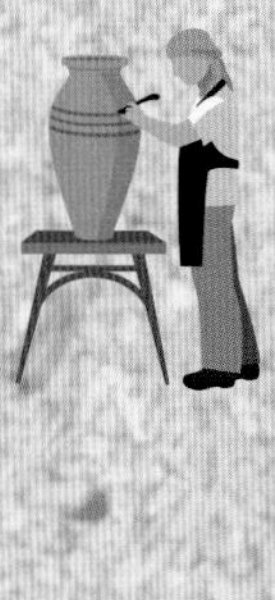

※陶工・・・陶磁器を製造する人のこと。「焼きもの師」ともいう

伝統的工芸品とは？

陶磁器のような歴史ある工芸品の周知・振興を図る取り組みがあります。それが、経済産業大臣による「伝統的工芸品」の指定です。織物・染物、漆器や木工品・竹工品、和紙や人形・こけしなど様々な業種で、現在237品目が指定されています。そのうち、陶磁器は全国で32品目です（下図）。

伝統的工芸品に指定される要件は「主として日常生活で使われるもの」「製造過程の主要部分が手作り」「伝統的技術または技法によって製造」「伝統的に使用されてきた原材料」「一定の地域で産地を形成」など。なお、ここでいう伝統とは、100年以上続いていることをさしています。

また、伝統的工芸品に指定された陶磁器のなかでも、中世から生産が続いている6つの産地（越前・信楽・瀬戸・丹波・常滑・備前）は「六古窯《ろっこよう》」と呼ばれています。六古窯は2017年に※日本遺産にも登録されました。

気になる産地や名前はありますか？　下図で探してみましょう。

伝統的工芸品の
シンボルマーク

※日本遺産…文化庁が認定した地域の歴史的魅力や特色を通じて我が国の文化・伝統を語るストーリー

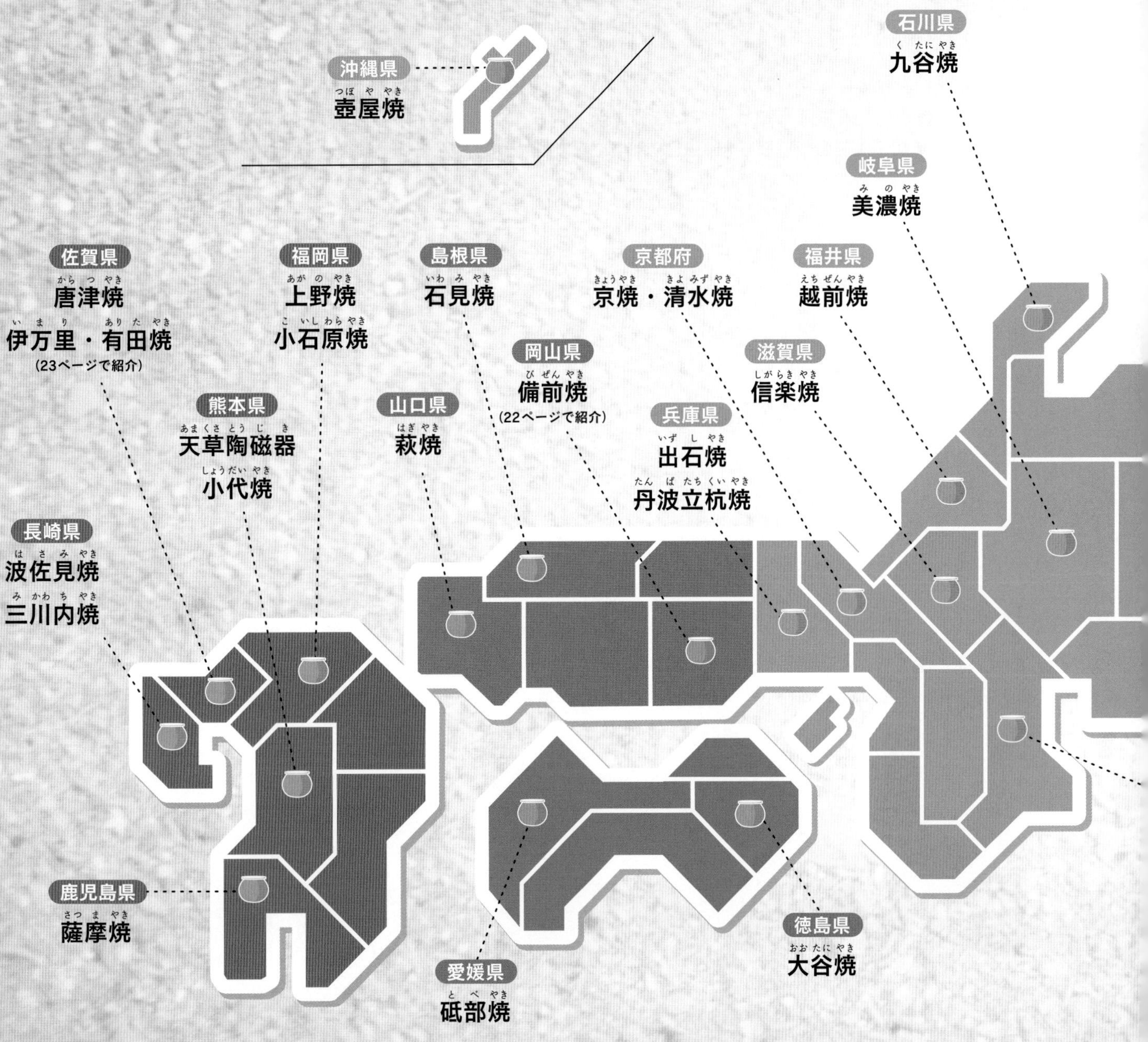

焼き方を工夫する

備前焼の魅力

ここでは備前焼の魅力について、総合部門の伝統工芸士である天地窯の菅形基道さんにお話を伺います。さらに取材当日に見せていただいた、ろくろの実演についてもご紹介します。

菅形《すがかた》 基道《もとみち》さん

1979年に岡山県備前市にある備前焼窯元六姓、木村桃蹊堂で備前焼の修業を開始。1987年に独立し、天地窯を築く。2011年に伝統工芸士に認定。現在も年２回、窯焚きを行い作品を生み出している。

備前焼は表面をツルツルしたガラス質にする釉薬を使わないので、ザラザラとした手触りがある陶器です。材料の土には鉄分が多く含まれていて、焼き上がると黒色が強く作品に現れます。

成形方法はほかの陶磁器と同じで、ろくろと手びねりがあります。ろくろでの成形は、１つの粘土からいくつも作品ができる「棒引き」と１つの粘土から１つだけ作る「玉引き」の２種類です。手びねりは指で形を整えていく技法で様々な形の作品が作れます。

成形したら乾燥させ、窯で焼きます。焼く前にまず、作品の上に藁《わら》を敷き、その上に耐火度の高い土「ぼた」を平たい形にして置きます。そうすると、土の跡や藁の線が残る味のある作品になります。

次に作品を横に寝かせたり、別の作品のなかに入れたり、作品同士の距離を調整したりしながら窯に並べます。備前焼は焼く期間（約１週間〜２週間）や使う松の薪の量などもこだわるのが特徴です。その結果、松の灰が作品に付着する「胡麻」や炎の流れの違いによる様々な焼け色が生まれ、それが備前焼の魅力となっています。

備前焼は作るのも、焼くのも、使うのも楽しい焼きものです。例えば使う場面では、水をはじく釉薬を塗らないので使用していくうちになかに入れたものの水分が少しずつ染み込み、自分だけの色合いへと変化します。私たちも長く愛好してもらえるよう、使いやすく味のある作品を作り続けているので、ぜひ手に取ってください。

お茶をたてる茶筅（ちゃせん）が引っかからないよう、底がなめらかな手触りになっている茶碗。

手びねりで作られたハヤブサ。躍動感あふれる作品です。

ろくろ実演

Step1

まずは粘土を水で濡らし、柔らかくします。

Step2

指で上から粘土を押すと広がって、茶碗の形ができていきます。

Step3

棒引きの場合は、形ができたら糸で粘土の塊から作品を切り離します。

1：カラフルな鍋島焼「色鍋島」のティーカップ
2：下絵付のみで描かれる鍋島焼「染付鍋島」の皿

市川《いちかわ》 光山《こうざん》さん
1983年から佐賀県重要無形文化財陶芸白磁の保持者である中村清六に師事。1993年に第十九代 市川光山を継承。1996年に下絵付、2001年にろくろ成形、2002年に上絵付の部門で伝統工芸士に認定。

時代に合わせて進化

伊万里・有田焼の今昔

日本で初めて作られた磁器である伊万里・有田焼。その歴史と技術について※加飾部門（下絵付・上絵付）・成形部門（ろくろ）の伝統工芸士である鍋島藩窯の市川光山さんにお話しいただきました。

※伊万里・有田焼は工程ごとに分業で作られているため、仕事の内容ごとに伝統工芸士を認定

伊万里・有田焼は、佐賀県の伊万里市と有田町を中心に約400年前から作られている日本最古の磁器です。江戸時代中期には、この地域を治めていた佐賀鍋島藩によって伊万里・有田焼のなかでも献上品として作られている「鍋島焼」が誕生しました。

鍋島焼は当時、世界一といわれた中国の焼きものをめざして、豪華に作られました。その最たる例が「青磁」という焼きものです。青磁は青みを帯びた釉薬を使用するのが特徴で、その色が中国の皇帝が使用した宝石の器「玉」に似ていたため高値で取引されました。佐賀鍋島藩は資金や技術を注ぎ込み、陶工に青磁を作らせました。

市川さんによる絵付の実演の様子。細い屈鉄線を何本も引き、お椀に絵柄を描いていきます。

また、献上する天皇や将軍、大名は民衆から神さまのようにあがめられていたため、作者の意図が入らないように均一の線「屈鉄線」で絵柄を描いていました。さらに釉薬を塗る前に絵を描く「下絵付」に使われる絵具が武士にとって縁起のよい色である「勝紺《かちこん》」であることから献上先で大変重宝されました。加えて、下絵付のあとに一度窯で焼き、その上から赤・緑・黄色などの絵具で絵を描く「上絵付」を行った作品も華やかで人気でした。現在はこのような伝統の技法だけでなく、新しい技法を取り入れている作家もいます。

私が伝統工芸士として大切にしていることは、木の年輪のように伝統的工芸品の歴史を積み重ねることです。時代に合わせて新しい技法にも挑戦しつつ、基礎となる技術すべてを研究し、精通することが大事だと感じています。昔は戦に勝つ、という縁起を担いでよく描かれた虫のデザインも、時代に合わせて新たな意図を吹き込んだ作品にアレンジして残していきたいです。

市川さんの作品に描かれたアリは、働き者で道に迷わないことなどにあやかったとのこと。

集結！
伝統的工芸品

伝統的工芸品の宝庫

伝統工芸　青山スクエアに行こう

全国各地の伝統的工芸品130品目以上を展示・販売するギャラリーとしても、ショップとしても楽しめる同店を、店長の朝川和彦さんにご案内いただきました。

日本中から集まった伝統的工芸品が並ぶ、「伝統工芸 青山スクエア」。店内を歩くだけでも、日本各地を旅しているような、ワクワクする気持ちを味わえます。「伝統的工芸品は飾って鑑賞するための『美術品』ではなく、生活のなかで使う『日用品』」（朝川さん）であることから、店内の商品は手にとって選ぶことができるのだといいます。また、店内には特別展コーナーや伝統工芸士の実演コーナーなども設けられています。

江戸切子（東京都）

南部鉄器（岩手県）

箱根寄木細工（神奈川県）

江戸切子や南部鉄器など数ある伝統的工芸品のなかで、外国からの観光客も含め、国内外問わず人気を博しているのが箱根寄木細工だそう。青山スクエアのYouTubeチャンネルでも箱根寄木細工の「手技TEWAZA動画」が一番人気だといいます。

一般社団法人 伝統的工芸品産業振興協会
伝統工芸 青山スクエア
店長　朝川《あさかわ》 和彦《かずひこ》さん

朝川さんに聞いてみた

――中学生が自宅で使うための陶磁器を選ぶ際、どんなことに気をつければいいですか？

「陶磁器は、熱いものを入れることを想定して底を厚くしたり、汁物の器は熱伝導率の悪いものにしたりと、食文化に合わせて進化してきました。まずはその陶磁器でなにを食べたいかを考えてみましょう。ご飯茶碗なら手に持って使いますが、手の大きさは1人ひとり違いますよね。実際に手にとってみて持ちやすいもの、手になじむものを選ぶのがおすすめです。また、柄や形が気に入ったものを選ぶのもいいと思います」

――伝統的工芸品について中学生に知ってほしいことはありますか？

「伝統的工芸品の多くは分業制で、各工程には様々な人が携わっています。例えば上記で紹介した箱根寄木細工を作るには、材料となる木を育てる人や、箱根寄木細工を作るための道具を作る人も大切な役割を果たしています。

ほかにも、江戸切子はガラスに模様を入れる職人さんと、素材となるガラスを作る職人さんが別にいま

陶磁器こぼれ話

（左）ユニークな色味の常滑焼（愛知県）。異なった色の粘土を練って模様を作る「練り込み」という技法で作った急須です。（左下）上野焼（福岡県）や、（下）大堀相馬焼（福島県）はあえてヒビ割れの模様をつける貫入という技法が用いられています。「使い込むとヒビの部分に色がついて味がでてきますよ」（朝川さん）

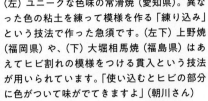

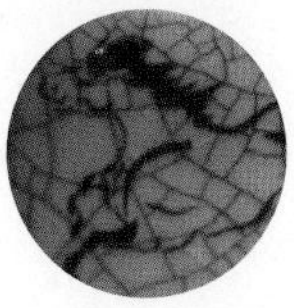

（左上）刃先などで入れた規則的な模様が特徴の小石原焼（福岡県）、（右上）素朴な味わいがある小代焼（熊本県）、（左）かわいらしいネコの瀬戸染付焼（愛知県）といった、東京ではなかなかお目にかかれない陶磁器も人気。

同じ笠間焼（茨城県）でも（右）ツバキから（下）サクラへと、季節によって展示する陶磁器を変えています。

（左）かわいらしい色使いや（下）ラメ入りの笠間焼など、新しい感性が取り入れられた作品も増えています。

伝統工芸 青山スクエア

所 在 地：東京都港区赤坂 8-1-22 1F
アクセス：地下鉄銀座線・半蔵門線「青山一丁目駅」徒歩５分
Ｕ Ｒ Ｌ：https://kougeihin.jp/
営業時間：11:00 ～ 19:00（年末年始を除き年中無休）

す。そのガラスを作る人材が減っているために、江戸切子自体を作ることが難しくなっているという話も出てきているんです。みなさんにはできあがった作品だけではなく、こうした工芸品を取りまく全体像を知っていてほしいなと感じます」

――そのなかでとくに陶磁器について伝えたいことがあれば教えてください。

「いまは100円ショップでも安くてかわいい食器が売っています。そういったところで買ったものを使うのもいいのですが、自分が大切にしたいと思えるものを1つ選んで、長く大事にしていくと、人生がより豊かになるはずです」

――最後に、読者へのメッセージをお願いします。

「普段当たり前のように目にしている陶磁器に、どんな歴史があり、作り手がどんなところにこだわっているのか……。そんなふうに深掘りしていくと、自分の世界が広がっていくと思います。

もしかしたら、そうした興味をきっかけに調べていったことが、勉強の役に立つかもしれません。ぜひ色々なことに興味を持ってもらえればと思います」

私立高校 WATCHING

東京　渋谷区　共学校

青山学院高等部《あおやまがくいん》

「愛と奉仕」の精神を持ち 「平和と共生」を実現する人に

都心にありながらも落ち着いた雰囲気の青山学院高等部。
他者を思いやる心と、グローバルな舞台で活躍できる力を養い、
世界へ羽ばたく人材を育成しています。

部長　渡辺《わたなべ》健《けん》 先生

所在地：東京都渋谷区渋谷4-4-25　アクセス：地下鉄銀座線ほか「表参道駅」徒歩10分、JR山手線ほか「渋谷駅」徒歩12分またはバス　生徒数：男子582名、女子662名
TEL：03-3409-3880　URL：http://www.agh.aoyama.ed.jp/

⇒3学期制　⇒週５日制　⇒月～金６時限　⇒50分授業　⇒1学年10クラス　⇒1クラス42名

心の成長につながる キリスト教教育

キリスト教の「愛と奉仕の精神」を大切に、世界に貢献できる人材を育成する青山学院高等部。青山学院大学・青山キャンパスの一角で、キリスト教教育、教科教育、平和・共生教育、グローバル教育の4つを柱に、特色あるプログラムを展開しています。

部長・渡辺健先生は、「本校の根幹をなすのがキリスト教教育です。高入生は最初、毎日の礼拝や週に1度の聖書の授業に驚くようです。しかし、これらを通して徐々に神に愛されていることを実感し、他者との接し方を考えるようになり、自己とも真剣に向きあえるようになっていきます。

毎日の礼拝は基本的にPS講堂に全員が集まって行い、週に1回はクラスでのホームルーム礼拝となります。ここでは司会も生徒が務め、クラスメイトの前で順に自分の思いを話すので、1人ひとりの話がときには共感を呼び、ときには大きな励ましになるようです。

そして、年間10日ほどある特別礼拝では、外部講師から様々な話を聞くことで刺激を受けています。例えば、昨年はオリンピックにあやかり、クリスチャンのオリンピックアスリートに来ていただきました。こうしたことから、多くの生徒が卒業時に『礼拝は自分にとって大切な時間だった』と言ってくれます」と話されます。

PS講堂での毎日の礼拝

「英語の青山」として 充実の英語教育を実践

教科教育は思考力・判断力・表現力を培うことを目標に、各教科で工夫を凝らしており、とくに英語教育は「英語の青山」と呼ばれるほど定評があります。

英語の必修授業は3学年とも週5時間、ほぼすべての授業を2クラス3展開の習熟度別で実施。そのうち3時間は、副読本などを用いながら4技能5領域[※1]をバランスよく伸ばしていきます。そして週2時間はネイティブスピーカーの教員による英語表現の授業で、リスニングやスピーキングの力を中心に鍛え、高2からはアカデミックライティングにも取り組みます。

「英語が堪能な帰国生が毎年一定数入学してくる一方、高校に入ってから英語を本格的に頑張りたいという生徒もいます。そのため習熟度別授業を行い、それぞれの生徒に合った形で力を引き上げていけるようにしています」(渡辺先生)

また、英語関連の選択授業も充実しています。例えば、「リスニングコンプリヘンション」は、ニュースや楽曲、映画といった題材のディクテーション[※2]に取り組み、最終的に英語のアフレコ制作を行う授業です。英語のセリフはもちろん、効果音なども含めすべて生徒たちで作り上げていくのが楽しいと、人気を集めているそうです。

ほかにも、世界が抱える課題について英語でディスカッションをする「上級英語」、スピーキング力を鍛えて最終的にPS講堂でプレゼンテーションを行う「オーラルコミュニケーション」、海外のニュースや新聞などに触れて感じたことを議論する「メディアイングリッシュ」などがあります。

なお、英語以外の選択授業もバラエティーに富んでおり、「自然科学に関する問題について学び、調査・研究まで行う『環境科学』や、様々な文章を書き、発表し、批評しあうことで表現力を磨く『国語表現』はおもしろい授業だと思います。ディベートを中心とした『世界史特講A』や『現代社会特講B』も特徴的です」と渡辺先生。

青山学院大学への内部進学制度により、例年約85%の生徒が同大学へと進学するため、大学受験に

※1　聞くこと、読むこと、話すこと［やり取り］、話すこと［発表］、書くこと

※2　聞いた英語を書きとる学習法

縛られることなく、このような多様な学びに触れられるのです。

世界に触れる機会を数多く用意する

続いて、平和・共生教育とグローバル教育について、渡辺先生は次のように話されます。

「人は1人では生きられないので周囲と協力しあい、多様性を受け入れながら、ともに生きていくことが大事だということを理解してほしい。そして、世界でなにが起きているのか、自分にどんなことができるのか、どうすれば世界平和が実現できるのかといったことも含めて、広くグローバルな視野で物事を考えられる人になってほしい。これが平和・共生教育、グローバル教育の目標です」

修学旅行での平和学習、東日本大震災の被災地・岩手県宮古市の高校との相互交流、フィリピン訪問プログラム、東ティモールスタディツアー、イタリアやイギリスの姉妹校との交換留学、カナダでのホームステイなどを行うほか、各授業でも平和・共生に関するテーマを積極的に取り入れています。また、外部機関を通じ留学に挑む生徒も毎年20人ほどいるそうです。

これらに参加して得た情報や感想を周囲と共有する場として、スーパーグローバルハイスクール（SGH）指定校のころスタートした「グローバルウィーク」という取り組みを現在も年2回行っています。

「以前は海外で貴重な体験をしても、それを還元する場がなかったのですが、グローバルウィークを始めてからは期間中の昼休みや放課後、有志の生徒が多様なイベントを開催して学校全体を盛り上げるようになりました。

例えばコロナ禍前は、東ティモールのコーヒー農園でのフィールドワークで様々なことを学んだ生徒たちが、在校生にコーヒーをふるまうイベントを開催していました。そこでおいしくコーヒーを飲んでいる様子をビデオに撮って現地に送ることで、農家の方々を励まそうという試みです。何百人もの生徒が集まってきて、校内が活気に満ちあふれていましたね。

フィリピンの子どもたちにクリスマスレターを書こうというイベントは継続して行っています。それらを通して周りにも『なにか協力できることはある？』『私も留学に挑戦してみたい』と輪が広がっていくので、私自身も気に入っているプログラムです」（渡辺先生）

さらに、平和・共生教育の1つ

多様なプログラム

キリスト教教育や平和・共生教育、国際交流など、特色あるプログラムが多数展開されています。

1
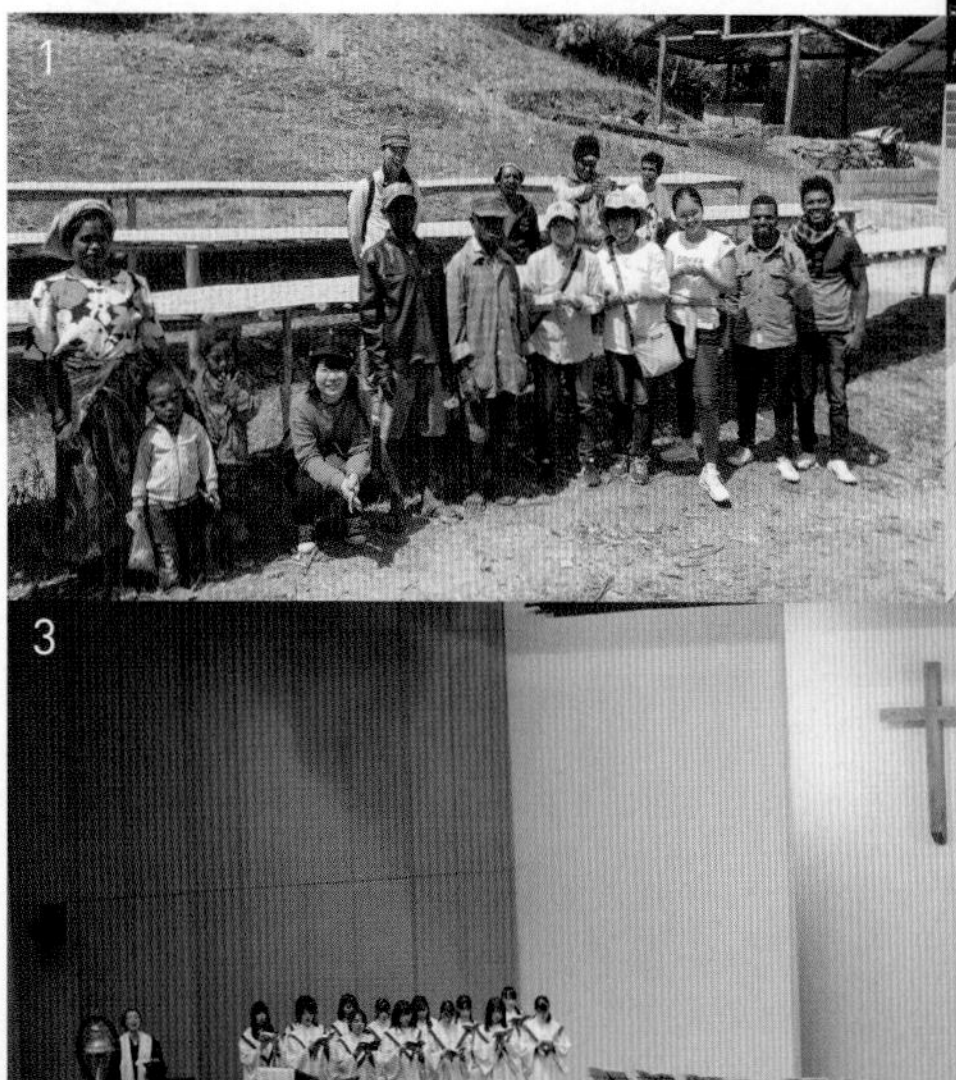
2

3

4
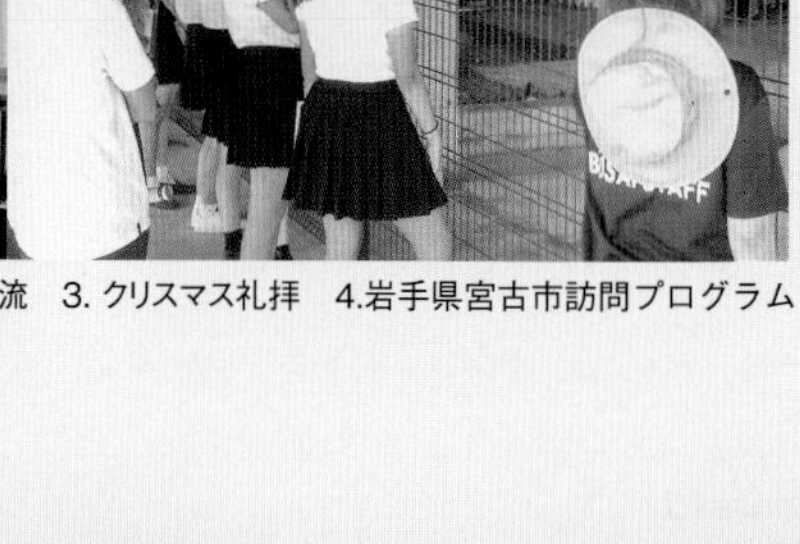

1. 東ティモールスタディツアー　2.イタリア・レニャーニ校との姉妹校交流　3. クリスマス礼拝　4.岩手県宮古市訪問プログラム

学校生活

生徒たちは受験にとらわれない環境のなかで、行事に部活動に勉強にと充実した日々を過ごしています。

5・6. 文化祭　7.バレーボール大会　8. 美術の授業　9. 世界史の授業

写真提供：青山学院高等部　※写真は過年度のものを含みます。

として、「平和・共生論文」を執筆するのも特徴的です。高1で論文の書き方をしっかり学んだうえで、「平和と共生」に関するテーマを自由に設定し、高2の1年間をかけて論文を仕上げます。

どんな生徒にも居場所がある環境

前述の通り、例年、多くの生徒が青山学院大学へ進学することから、大学での学びに触れる機会を大切にしています。なかでも、渡辺先生がとくに魅力的だと語るのが、青山学院大学の教授が、自身の専門分野について高校生向けにわかりやすく講義をする「学問入門講座」です。同大学に設置される全学部にかかわる講座が開かれるため、そのなかから好きなものを選び、学部選択に役立てることができるのだといいます。

なお、残る約15％の他大学進学をめざす生徒に対しても「全員の希望を実現できるようにサポートするのが本校のスタンスです」と渡辺先生が話されるように、教員が親身になって支えています。

また、行事や部活動についても伺うと、「文化祭はもちろん、クラスごとに行き先を決めて実施する『ホームルームデー』（遠足）、オーディションを勝ち上がった団体が舞台で演奏を披露する『ミュージックフェスティバル』といった、特色ある行事もすべて生徒主体で企画し、同様に部活動も生徒を中心として運営しています。

渋谷という土地にあることから、本校に対して派手なイメージを抱いている方もいるかもしれませんが、行事や部活動は節度を守り、落ち着いた雰囲気のなかで伸びのびと活動しているので安心してください」と渡辺先生。

最後に「生きていくうえで周りの人々を大切にすることがなによりも大事だとつねづね伝えていることもあってか、本校の生徒はみな優しく、お互いを尊重しあっており、全員に居場所があるように思います。他者のためになにかをしたいという志を持った生徒さんなら、本校で充実した日々が送れることでしょう」と話されました。

■2022年3月卒業生
青山学院大学進学状況

学部	進学者数
文学部	35
教育人間科学部	30
経済学部	44
法学部	36
経営学部	85
国際政治経済学部	60
総合文化政策学部	47
理工学部	11
社会情報学部	10
地球社会共生学部	2
コミュニティ人間科学部	1

公立高校 WATCHING

神奈川県立 厚木《あつぎ》高等学校（共学校）

勉強も行事も課外活動も あらゆることに全力で臨める

長い歴史のなかで醸成された「質実剛健」の校風のもと、多種多様な教育活動を展開する神奈川県立厚木高等学校。様々なことに挑戦し、実り多い3年間を過ごせる学校です。

恵まれた学習環境のもと主体的に学べる

神奈川県立厚木高等学校（以下、厚木高）は、１９０２年に県立第三中学校として開校しました。１９４８年の学制改革で現校名になり、現在にいたります。今年度で創立１２０周年を迎える伝統校であるとともに、学力向上進学重点校とスーパーサイエンスハイスクール（ＳＳＨ）第2期（1期5年）の指定校になっています。

大沢利郎校長先生は同校での３年間について「大学進学後はそれぞれの専門分野を深めていくことがほとんどですが、高校時代は多様な志向を持つ仲間がそろっています。これからの時代は異業種、異分野とのコラボレーションが重要になってくると思うので、高校時代の多様な仲間との出会いを大事にしてほしいです。

そして、本校は勉強だけでなく行事や部活動なども盛んな学校です。学校生活のあらゆるところで高い目標に向けて挑戦できる環境が整っています」と話されます。

学習面においては、「生徒が生き生きと活動する授業」の実践がめざされていることが特色の１つ。思考力・判断力・表現力を磨く、主体的かつ対話的な学びです。

「今年度から、１コマ70分だった授業が65分に変更されました。70分授業ではじっくりと学べる反面、すべての授業が終わるのは16時近くになるため、探究活動や部活動と両立しにくい面もありました。５分縮めると１日で25分の余裕が生まれるので、この時間を生徒たちの主体的な活動に活かしてもら

所在地：神奈川県厚木市戸室2-24-1
アクセス：小田急小田原線「本厚木駅」徒歩20分またはバス
生徒数：男子619名、女子448名
TEL：046-221-4078
URL：URL：https://www.pen-kanagawa.ed.jp/atsugi-h/

⇒ 2学期制
⇒ 週5日制
⇒ 月～金5時限
⇒ 65分授業
⇒ 1学年9クラス
⇒ 1クラス約40名

おうと考えています。

それでも通常より長い65分授業ですから、前回の復習や小テスト、ペアワーク、グループワークも引き続き授業内で実施していきます。理科の実験では考察の時間をしっかりと作るなど、各科目で充実した授業を行うことが可能です」（大沢校長先生）

また、授業では教科書以外に教員が作成したオリジナルのテキストやプリントも使われています。Ｗｉ・Ｆｉが整備され、プロジェクターが設置されるなど、ＩＣＴ環境も充実。今年度からは生徒が1人1台、タブレット端末を持ち、授業や探究活動で活用しています。ＩＣＴ機器を利用した学びは今後さらに進化していくでしょう。

大沢《おおさわ》 利郎《としろう》 校長先生

独自のＳＳＨプログラムで知識やスキルを身につける

厚木高では、ＳＳＨに関する学校設定科目が設置されており、文系・理系にかかわらず全員が参加します。そこで行われる独自のプログラムが「ヴェリタス」です。ヴェリタスはラテン語で「真理」を意味し、探究学習を通して真理を探究することから名づけられました。高1から高3まで、段階的にステップアップしていきます。

「ヴェリタスⅠ」（高1）では、実験・調査の方法など、探究するための心がまえや手法を学習。「ヴェリタスⅡ」（高2）では、テーマを決めて実際に探究活動を進めていき、その成果は校内でプレゼンテーションをして発表します。そして「ヴェリタスⅢ」（高3）では、進路を見据えてより専門性を高め、高度な探究活動に取り組むという流れです。

こうした探究活動と並行して、研究のための知識やスキルを身に

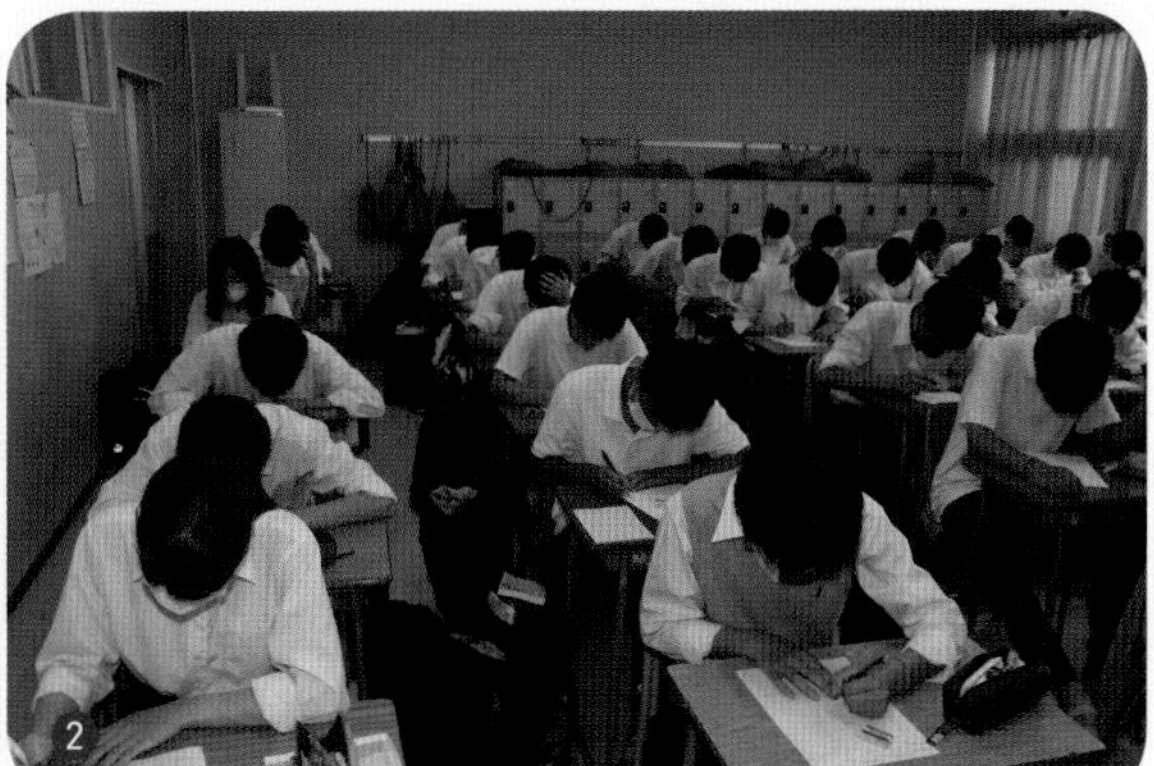

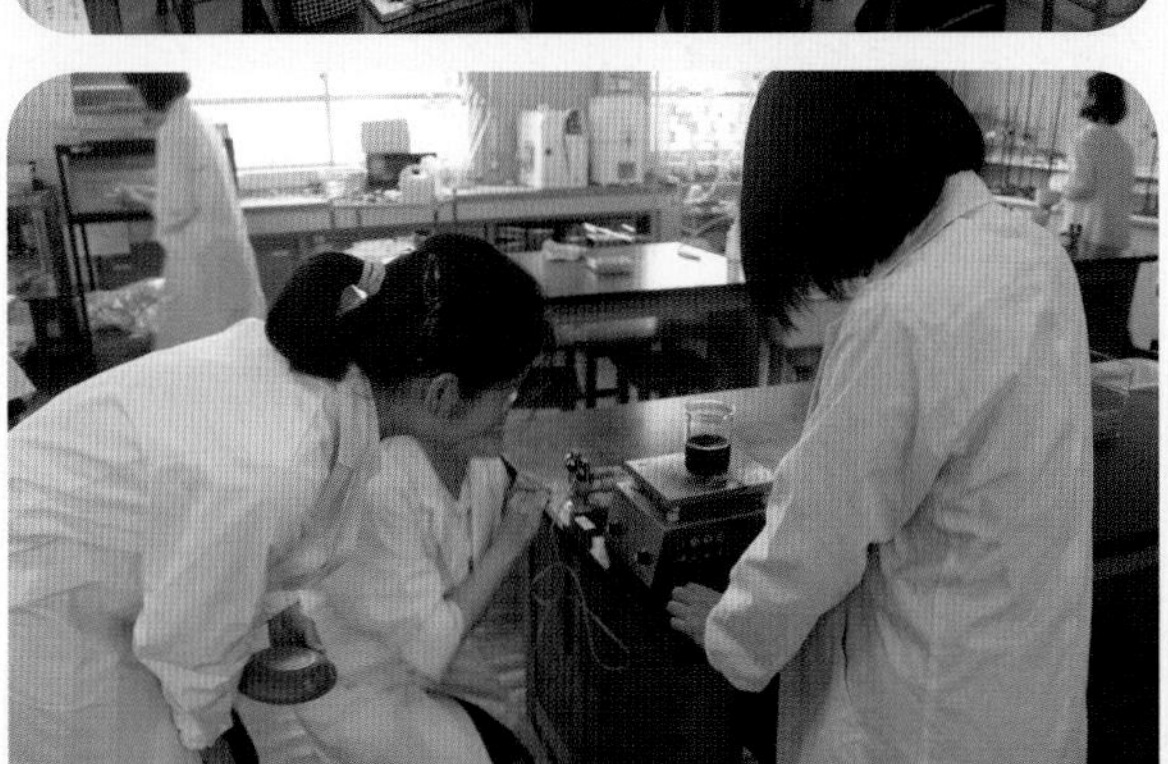

［学校生活］ ①授業や②テストなど、日々の学習に熱心に取り組む厚木高生。③探究活動や④自習も主体的に行っています。

［行事］ 戸陵祭では、①②体育部門と③④文化部門でそれぞれ全力を尽くします。部活動（⑤吹奏楽部⑥バドミントン部）も盛んです。

つける、以下のプログラムも実施されています。「サイエンスアイ」は、P＝物理、C＝化学、B＝生物の3つに分けて、それぞれ教科書よりも踏み込んだ内容まで学ぶものです。加えて、「エンジニアリング」ではデータ分析やプログラミングなど、情報処理の手法を中心に身につけていきます。

「探究活動の肝となるのは『どうしてそのテーマを調べるのか？』という部分です。したがって、テーマ設定は非常に重要だと考えており、高2の夏ごろまでにじっくりと絞り込んでいきます。その内容はじつに多様で、先輩たちの先行研究も参考にしながら各自で決定します。

例えば、ジャガイモの芽の毒に着目し、それを活用して農薬を作れないかと研究した生徒がいます。JAで廃棄されるジャガイモを譲り受けて芽から農薬を作り、虫が寄りつかないことを実証しました。ほかにも人間に第六感があるのかを調べるため、目や耳をふさいだ状態でどこまで近づいたら気づくか、といった実験をした生徒もいます」（大沢校長先生）

国内・海外で展開される実践的な英語教育

多彩なグローバル教育も厚木高の魅力の1つです。

なかでも「Communicative Skills育成プログラム」は、プレゼンテーション力やディスカッション力など、主体的な力の育成を目的としたものです。英語の授業において4技能の習得に取り組み、前述の「ヴェリタス」や「エンジニアリング」とも連携させながら、実践的な英語力を養います。

また、生徒が有志で「AIC（Atsugi International Club）」という組織を運営し、国際交流や語学研修を企画しているのも特徴です。生徒はそれぞれの学校生活のスタイルに合わせて、英語ディベート大会や他校・外部団体のイベントにも参加しています。

ここ数年はコロナ禍により海外

での研修は中止されていますが、留学生として韓国とブラジルから来た生徒が1人ずつ学んでいるほか、姉妹校とのオンライン交流も継続中。例年、海外研修はアメリカとオーストラリアの2方面が用意され、それぞれホームステイや現地校での交流を通して異文化に触れ、国際感覚を養っています。

生徒に様々な刺激を与える充実したキャリア教育

このように、教科学習の枠を越え、本格的な学びに取り組める環境が整う厚木高。近年では難関国公立大学をはじめ進学実績も堅調に推移しており、その理由の1つには、3年後を見据えたキャリア教育があげられます。

高2の10月に実施される「知の探究講座」は、様々な分野の研究者や、官公庁、民間企業から招かれた講師が進路について講演するものです。保護者の協力により開催するイベントもあり、「『職業』を知る講演会」では各界の第一線で活躍されている保護者を講師として、自身の体験を通した講演をしてもらいます。

大沢校長先生は「卒業した先輩から合格体験談を聞く催しもあります。昨年度は浪人している先輩も呼んで話をしてもらいました。現在は一般的に現役志向が強い傾向にあると感じますが、高い目標を持ってリベンジしていく姿を見て、刺激を受けた生徒も多いようです」と語ります。

そのほか部活動や学校行事が盛んで、駅伝大会や球技大会など、クラスの団結力を高める行事も豊富です。とくに体育部門と文化部門に分かれている「戸陵祭」は、2部門を総合して賞が贈られることになっており、生徒は総力をあげて取り組んでいます。

最後に大沢校長先生から、厚木高の入試に関するアドバイスと読者のみなさんへのメッセージをいただきました。

「入試のうち特色検査では、これまで培ってきた知識を総動員して総合的に答える力をみます。教科複合型の問題では、英文で書かれた内容を数学的な視点や地理的な視点から考え、決められた文字数で表現するというように、物事を多面的にとらえる力も必要です。また、面接では『高校時代どんなことに取り組みたいか』など、積極的な姿勢について聞くこともあります。色々なことに興味を持ち、本校の校風である『質実剛健』を体現できるような、主体的な生徒さんをお待ちしています」

[施設]①春はサクラ、②秋はイチョウなど四季折々の自然が感じられる校舎

写真提供：神奈川県立厚木高等学校　※写真は過年度のものを含みます。

■2022年3月卒業生　大学合格実績抜粋（　）内は既卒

国公立大学		私立大学	
大学名	合格者	大学名	合格者
北海道大	5（1）	早稲田大	78（7）
東北大	5（2）	慶應義塾大	51（5）
筑波大	9（0）	上智大	51（8）
東京大	2（1）	東京理科大	63（9）
東京外語大	3（0）	青山学院大	96（4）
東京工業大	13（2）	中央大	127（13）
お茶の水女子	4（1）	法政大	90（5）
一橋大	5（0）	明治大	212（13）
横浜国立大	30（1）	立教大	47（10）
京都大	1（1）	学習院大	18（1）
名古屋大	2（0）	北里大	24（2）

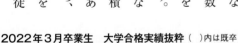

ワクワクドキドキ
熱中部活動

明治大学付属明治《めいじだいがくふぞくめいじ》高等学校

マンドリン部

5つのパートで 調和のとれた合奏を行う

**コンクールや文化祭など、様々な場で合奏を披露している
明治大学付属明治高等学校のマンドリン部。
先輩から引き継いできた音を守るため、コロナ禍にあってもなにができるのかを考え、
部員全員で一丸となって活動を続けています。**

今回紹介してくれたのは

高3 川村《かわむら》 優菜《ゆうな》さん

高3 東海《とうかい》 遥己《はるき》さん

School information〈共学校〉
所在地：東京都調布市富士見町4-23-25　アクセス：京王線「西調布駅」徒歩18分
TEL：042-444-9100　URL：https://www.meiji.ac.jp/ko_chu/

周囲の音を聞きながら 個々の楽器の特徴を活かす

明治大学付属明治高等学校（以下、明大明治）のマンドリン部は、創部から60年以上の歴史を誇ります。部員数は中高合わせて24名で、普段は週5日、個人練習やパート練習、全体での合奏を行います。

マンドリンは2本1組で4種類、合計8本の弦が張られている、イタリア発祥の弦楽器です。弦にピックを平行に当て、上下に動かして音を出す「トレモロ」という奏法で音を出します。明大明治のマンドリン部の強みはこのトレモロの演奏技術にあります。どのタイミングで何回ピックを上下させるのかをすべて決めているので、合奏中は音だけでなくマンドリンパート全員の動きもぴったり合っている点が大会で高い評価を受けています。

部ではマンドリン以外にも、マンドリンよりひと回り大きく少し音の低い楽器「マンドラ・テノール」、さらに音の低い「マンドロンチェロ」と、クラシックギター、コントラバスを使用しています。今回、お話を伺った東海遥己さんはコントラバスのパート、川村優菜さんはクラシッ

クギターのパートです。

「マンドリン・オーケストラ※におけるクラシックギターは、リズムを刻む役割を担っています。おもに主旋律を弾くマンドリンのパートは、クラシックギターの音を聞いてテンポを保ちます。ほかのパートを支える縁の下の力持ちなんです。それぞれのパートがほかのパートの音を聴きながら合奏するので、活動のなかで演奏技術だけでなく、周囲の様子を察する力もつきます」（川村さん）

「コントラバスの音は曲全体のイメージの決め手になります。音の数は少ないですが、和音の一番大事な部分を奏でて曲に重厚感を生み出します。そのためイメージ通りの合奏になるよう、1つひとつの音を大切に、集中して弾くことを心がけています」（東海さん）

連絡ツールも活用しながら工夫して練習を重ねる

川村さんは例年より活動時間が少なくなってしまったコロナ禍の活動について、工夫して練習時間を確保したと話します。

「部活動の時間が減ってしまった分、家で練習するようにしました。まだ始めたばかりの後輩には、家で弾いた演奏の録音や録画のデータをLINEで送ってもらったり、ビデオ通話機能を利用したりしてアドバイスしました」

マンドリン部は初心者でも入りやすい雰囲気が魅力の1つです。東海さんも入部当初は初心者で、小学生のころはどちらかというと音楽の授業が苦手だったといいます。

「私が入部したのは、付属の中学校に入学した中1の4月ごろです。きっかけは体験入部で先輩に丁寧に教えてもらい、簡単な曲が弾けるようになったことです。音楽が苦手だったり楽器にあまり触れたことがなかったりする人も、練習を重ねれば楽器を弾くことができるようになりますよ」（東海さん）

加えて、発表の機会が多いのも特徴です。春は入学式や部活動紹介での発表、夏にはマンドリンの全国コンクールと、関東の高校のマンドリン部が集まって行う『関東高等学校マンドリンクラブの集い』があります。秋の文化祭でも発表を行い、冬はその年度の集大成として定期演奏会を実施します。とくに印象深い発表について川村さんは「中1の文化祭です。入部して初めて挑む大きな発表だったのですごく緊張しました

※マンドリンを中心に構成される弦楽合奏やオーケストラ

楽器紹介

マンドラ・テノール

クラシックギター

マンドリン

マンドリンを中心に5つの楽器で演奏します。マンドリンの首席奏者（パートのリーダー）は「コンサートマスター（コンサートミストレス）」という、演奏者のまとめ役のような存在です。

マンドロンチェロ

コントラバス

が、半年間の成果をたくさんの人に聴いてもらえたので頑張ってよかったと感激しました」と話します。

音を絶やさないために全員で部を作っていく

このように充実した活動内容の部ですが、部員数の減少に悩まされた時期もあったとのこと。2020年にはすべてのパートをそろえるために必要な人数より部員数が少なくなってしまい、部全体で以下のような工夫をしたと東海さんはいいます。

「まずは新入生に部を知ってもらう機会を増やしました。部で作成した動画を入学式の朝、1年生の教室で流してもらったり、QRコードから動画を見られるようにしたりすることで、多くの新入生に興味を持ってもらえました。次に取り組んだのは、以前よりも後輩に積極的に意見を出してもらい、みんなで部を作っていく意識づくりです。そうすると、部になじめずに辞めてしまう部員が出ないようになりました」

「部員数の関係で合奏ができなくなってしまったときは、パート変更なども行いました。この経験を通して、周囲のみんなと力を合わせて問題を解決する能力も養えたと思います。現在は合奏できる人数になっていますが、今後も部全体で先輩から引き継いできた明大明治のマンドリン部の音を絶やさないために、自分たちにできることを考えていきたいと話しています」（川村さん）

ほかにも、初心者の活動日数を減らし、徐々に部の雰囲気や活動に慣れてもらえるようにしたそうです。

今後も活躍が期待される明大明治のマンドリン部。2021年の文化祭では、書道部とコラボレーションした発表を行うなど、新たな取り組みも始めています。

卒業生にも協力してもらいながら、活動紹介の動画とリモート合奏の動画を作成しました。2022年も新入生にQRコードを配付しました。

写真提供：明治大学付属明治高等学校　※写真は過年度のものも含みます

勉強 先輩からのアドバイス 受験

高3 川村 優菜さん 東海 遥己さん

Q明大明治はどんな生徒が多いですか。

東海さん：付属の中学校から進学した人も、高校入試を経て入学した人もみんな優しくて社交的です。入学後すぐに打ち解けられたので、ほとんど隔たりを感じません。また、真面目な性格の人も多いと思います。この学校は明治大学の付属校ですが、しっかり勉強しないと明治大学に進学できません。しかし、ほとんどの人は毎日コツコツ勉強もしながら、部活動などの課外活動にも積極的に参加しています。

Q好きな授業はなんですか。

川村さん：私は英語の授業です。教科書の英単語や文法を覚えるだけでなく、スピーチコンテストなども実施されるので、実践的な英語力が身につきます。なかでも印象深いのは、習った知識を使いながら英語で書かれた小説をクラスみんなで1年間かけて読破したことです。読み終わったときはとても達成感がありました。

東海さん：明治大学の先生が校内で行う高大連携講座もおすすめです。とくにおもしろかったのは国際日本学部の先生による、レコードとSDGsについての講義でした。講義ではレコードのかけ方や環境に優しい材質でできたレコードについて教えてもらいました。高校の授業で習った内容につながる話もあれば、専門的で少し難しい話もあり、大学の勉強を先取りしているようでワクワクしました。

Qこの学校を受験した志望動機を教えてください。

川村さん：明治大学の付属校なので受験勉強以外のことにも打ち込めると思い、受験しました。週5日活動がある部に高3の2月まで所属して練習を続けられるのは、この学校だからこそだと思います。

Q勉強と部活動を両立するためになにか工夫していますか。

東海さん：忙しいときも、適度に息抜きをしています。ほかにも、日々の小テストや課題は1つひとつきちんと取り組んでいくことが大事だと思います。

Q最後に、読者へメッセージをお願いします。

東海さん：この学校で勉強に部活動に、充実した学校生活を送れていると感じています。私のように苦手なことでもチャンスがあれば、どんどん挑戦してみてください。その経験はきっと一生の宝ものになりますよ。

川村さん：私はやりたいと思ったことは、なんでも全力で取り組むことを心がけています。受験生の方は、模試でなかなかいい判定がもらえないと落ち込んでしまうときもあると思いますが、そういうときこそ諦めないことが大切です。最後まで全力で挑んでください。

G アメリカンフットボール部　H ESS（鎌倉案内）

鎌倉学園《かまくらがくえん》高等学校

〈男子校〉

禅宗の名刹《めいさつ》として名高い「建長寺」に隣接する鎌倉学園高等学校。2017年にリニューアルされた校舎で生徒たちは、生涯の友人たちと切磋琢磨しながら高校生活を謳歌しています。

自由で伸びのびとした校風 文武両道を実践する男子校

坐禅を体験し漢を磨く生徒

2021年に創立100周年を迎えた鎌倉学園高等学校（以下、鎌倉学園）。人として身につけなければならない社会の正しい道理を知り、心清くして悪を恥じ、不正を行わないという「礼義廉恥《れいぎれんち》」の校訓のもと、「自主自律」の禅の精神を現代に受け継ぎ、「知・徳・体」のバランスの取れた人間形成を行っています。

鎌倉学園は、建長寺が宗派の子弟育成のために設立した「宗学林」という教育施設を前身としており、いまでも建長寺において坐禅教室が実施されています。

「高1は全員が年に3～4回参加します。観光客が入ることのできない禅堂で20分の坐禅を2回行います。冬場は雪が深々と降り積もる音が聞こえてくるような静寂のなかで行いますので、かなり本格的なものです。また、家庭科の授業として建長寺発祥の『けんちん汁』の調理・試食などもありますので、歴史ある日本文化に触れることのできる貴重な体験が可能です」と教頭の吉村忠昭先生は話されます。

鎌倉学園では、これまでクラス分けテストをもとに学力上位者で構成する英数クラスを設置していましたが、2022年度入学生より、これを廃止し、全員がフラッ

Photo　A 校舎正面　B 図書館　C 坐禅教室　D 化学実験　E K-Labo（臨海実習）　F 進路フォーラム

写真提供：鎌倉学園高等学校　※写真は過年度のものを含みます。

トな3クラス編成で高校生活をスタートしました。

「年々、入学者の学力が向上してきたこともあり、今後は全員に同レベルの教育を提供していきます。そして生徒それぞれの進度をみながら、習熟度に合わせた授業を行うなど、生徒1人ひとりに寄り添ったサポートをしていきます。高2から文系・理系に分かれますので、夏前にはそれぞれの進路目標に合わせた文理選択ができるようにカリキュラムを構築して生徒に提示したいと思います」（吉村教頭先生）

多彩なキャリア教育で 将来の目標を見つける

鎌倉学園では、「K-Labo」と称して、化学、物理、生物のすべての分野で高度な実験を含む探究学習が行われていて、東京大学等の研究室を訪問して実際に実験を見学する「研究室訪問」なども盛んに実施されています。また、大学の先生を招いた「K-Laboフォーラム」では、講演のあとに質疑応答の時間を設けるなど、生徒の知的好奇心を高める取り組みも行われていて、その後の進路選択にも大きな影響を与えています。

昨年はコロナ禍の影響もあり、これまでのような「K-Labo」独自の探究活動はできませんでしたが、社会科と協働で「小網代の森」探究を実施しました。２０２２年度は、この取り組みと鎌倉学園の特徴でもあるグローバル研修をベースとした10項目の探究プログラムを構築し、「総合的な探究の時間」として、年間を通じた新たな探究活動を始動させています。

また、鎌倉学園は、東京大学をはじめとした難関大学へ、毎年多くの合格者を輩出する神奈川県下でも屈指の進学校の1つです。進路指導プログラムでは、高1の1年間は、自分の好きなものを見つけ、じっくりと自分の世界を広げていく期間と位置づけ、将来の目標に向かって、高2からの文理選択を適切に判断できるようなプログラムを用意しています。

「本校の特徴は、難関大学へ進学する生徒の多くが部活動との両立がよくできている点です。難関大学への進学率は年々増加していますので、真の文武両道を実践している学校だと自負しています。

進路指導では、大学オープンキャンパスへの参加を促すだけでなく、生徒と年齢の近いOBと触れあう『アカデミックキャンプ』（高1）や『進路フォーラム』（高2）など、高1から高3まで生徒の成長に即したプログラムを数多く用意していますので、しっかりと自分の将来の目標を見つけることができるはずです。

本校は自由で伸びのびとした校風の男子校です。卒業後も友人同士長い交流を続けています。ぜひみなさんも本校に入学して、生涯の友人を作ってほしいと思います」（吉村教頭先生）

スクールインフォメーション

所在地：神奈川県鎌倉市山ノ内110
アクセス：JR横須賀線「北鎌倉駅」徒歩13分
生徒数：男子918名
ＴＥＬ：0467-22-0994
ＵＲＬ：https://www.kamagaku.ac.jp/

2022年3月　おもな大学合格実績

東京工業大	1名	早稲田大	45名
一橋大	1名	慶應義塾大	19名
北海道大	3名	上智大	14名
千葉大	4名	東京理科大	24名
名古屋大	1名	明治大	113名
横浜国立大	8名	中央大	64名

※現役生のみ

志望校探し

自分に合った高校を選ぶには

みなさんの周りには、いま考えている以上にたくさんの高校があります。中学3年生になったなら、数ある学校のなかから早めに志望校を決めて入試対策や、受験に向けたスケジュールを組み立てていくのが合格への早道です。今回は「自分に合った学校を選ぶには」と題して「まず考えておかなければならないこと」をお伝えします。スタートダッシュが肝心。さあ、志望校探しを始めましょう。

自分に合った高校を選ぶには

志望校を決めれば
覚悟が決まる！
学力の
向上
過去問題
の研究
入試に強い
自分作りを始めよう!!

受験までは意外と短い

志望校の決定について、ご家族や進学塾の先生から「早く、早く」と言われているかもしれません。

「だってまだ、3年生になったばっかりじゃん」と言いたい気持ちはわかります。ただ、この雑誌を手にしたのが5月のなかばだということを考えると、実際の入試までは、8～9カ月しかありません。意外と短いのです。

これからは、学力の向上、過去問題の研究、入試に強い自分作りを本格的に進めていかなければなりません。それを考えると「学校選び」にかける時間はあまりありません。しかし、おざなりな選び方をするわけにもいきません。周囲の「早く、早く」にも一理あるのです。

進路から考える

進む学校を早めに決められる人は、じつはその先の進路がはっきりとしている人です。例えば、お母さまが看護師で身近にロールモデルがあり「私も看護師に」という人は、「生物をしっかり学べるところ」など学校を選ぶ際の視点ができています。

プログラミングが好きだったり、ロボットを作ってみたいと考えたりしている人なら、高校に進んでからも理系の勉強がしたいでしょう。

しかし、ほとんどの中学生は、そこまで進路を見定められてはいません。進路選択とは職業選択の意識に裏づけられるものでもあるため、中学生では決めきれず、この選択は高校での決断へと譲られているのが現状です。

しかし、高校に進んだら、もうグズグズしてはいられません。

「好きなことはあるよ」という人は多いでしょう。漠然とはしていても「人の役に立つ仕事がしたい」という人もいるでしょう。抽象的でもいいので、いまから自らの進路について考える下地を作っておくことが大切です。

学校の特徴から考える

じゃあ進路については、まだ考えていな

志望校探し

自分に合った高校を選ぶには

い人はどうやって学校選びを進めていったらいいのでしょうか。

そのような人は、学校の特徴から絞り込んでいく方法をおすすめします。

つまり、「共学校か、男子校か、女子校か」というところからみていく。それに加えて「国立校か、公立校か、私立校か」を考える方法です。

「共学校か、男子校か、女子校か」は自らの性格や志向を理解することが求められます。わからなければご家族や先生にも相談してみましょう。

「国立校か、公立校か、私立校か」を考えるときには、日ごろの成績や学力もモノサシとして必要になります。ですから模擬試験を受けることもポイントになります。

また、3年間にかかる学費も考えに入れることも忘れてはなりません。

家庭の事情も考える

志望校を決めてから、「自分の希望する学校を親に反対されています」という人が出てきます。「自分で決めたのに……」という悩みは、大きな問題に発展することにもなりかねません。

志望校は「早く決めればよい」と自分の考えだけで突っ走ってしまうと、このような壁にぶつかります。

ご家庭にはそれぞれの事情があります。先述の学費負担の面も見逃せません。私立高校も国や自治体の就学支援金が充実し、授業料の実質無償化が進んでいますが、実際には授業料以外にも制服や、実習に伴う費用、旅行積立金などがあります。

学校選びを始める前に、まずご家庭でよく話しあうことです。

保護者の方の意見を率直に聞いてみるところから始めましょう。

では、みなさんは「自分に合う学校」をどのような視点でとらえていけばよいのか、次のページで森上教育研究所の森上展安氏と考えていくことにします。

様々な学校の特徴から自分に合った高校を選びましょう

高校を選ぶ！

あなたに合った学校とは？

森上教育研究所 所長 森上展安

受験生にとって、悩ましいのが「高校選び」です。とくに「まだはっきりとは決めていない」という人は、近づく夏休みを前にして、いよいよ「そろそろ志望校を決めた方がいいよ」と言われることが多くなっているのではないでしょうか。ここで「あなたに合った学校」とはどのような学校なのかを森上展安先生といっしょに考えてみたいと思います。

学校を選ぶ動機は人それぞれだが様々なアプローチからみてみよう

「高校選び」では、受験生はどんな動機で学校を選ぶのかを、まずみていきましょう。

受験生本人の動機として大きいのは、中学受験経験者ですと、リベンジですね。中学では合格できなかった目標校に高校でチャレンジしていく。これはわかりやすい動機だ

と思います。

もう1つわかりやすいのは部活動で選択するケースです。得意な才能をより磨きたいという向上心がキッカケです。また、好きであること、つまり志向性が動機になっていることもあります。

とくに「音楽」「体育」「美術」「技術・家庭科」の、技能4科といわれる科目は、その授業内容も注目点です。

この春からは、もう1つの技能として「情報」が入りました。部活動とこれら技能系教科はなんといっても明確な評価ができますから、活躍できる、居心地がいい、そういう見方が期待できるのです。

反対に、これらが不得意な場合、不得手な生徒にとっては「じゃあ、どのくらいそこをケアしてくれるの？」が注目点になります。

これらの側面を考えてつけ加えるなら「英語」も技能科目として考えてもよいでしょう。

最後の1つはやはり行事です。せっかく学校に行くのですから、人との交流が1番の目的です。行事はこの2年、コロナ禍でかなりの制限を受けたわけですが、これからも、それ以前のようにはいかないかもしれません。ただ、魅力的な行事はやはりマークしておきたいところです。

その学校がうたっている特徴が「自分に合うか」も大切な視点

さて、ここまではわかりやすいのですが、改めて自分に合うということを考えようとするとかえって難しいようにも思われます。

こういうときは、反対側の視点から考えてみるのも、1つの手です。

そう、「自分に合わない」とはなんなのか、という見方です。しかし、案外これも難しいですね。

例えば、よく自由な校風とか規律正しい校風とかの表現を聞きますが、それだけではよくわかりません。それは具体的にはどんなところが、またどこから見たらそういえるのか、それがわかって初めて「なるほど」となるので、よくよくなにをさしてそう表現しているのかを理解せねば、ということになります。

また、ある学校は生徒からの発信での活動はほとんどみられない。一方である学校は、自らの意思で「登校」さえも選ぶことができ、自宅でのリモートスタディに徹することも可能、というところもあります。

このあたりのことや、成績のつけ方などもかなり重要です。成績のつけ方でいうと、テストの素点だけでつけるところや、日常的な小テストの平常点も含めるところ、さらに課題提出物の評価も入れるところ、あるいは行事での出展物の出来や発表の成果などの評価もするところなどなど様々です。

授業のやり方も注目したいですね。いわゆる一斉指導

高校を選ぶ！

あなたに合った学校とは

だけでなくグループワークや個別指導、あるいは課題の量、そして教材の選択。また、アクティブラーニングを取り入れているところとそうでないところではアクティビティー、つまり授業中の活動にかなりの違いがあります。

また、ICT教育が進んでいる学校は自分の進度に合った内容を学ぶことができたり、あるいは理解度に沿って柔軟に取り組めるというところもあります。

ICTが日進月歩の今日ですから、学校もこのあたりに敏感ですし、ずいぶん変化への対応に差がある時代です。その意味でやはりICT機器を活用した授業がどのように進められ、どのような深度で活用されているのか、まさに検討に値します。

あともう1つ選択できる点をあげると、入学するときのコースですね。生徒自身がその学校のなかで学力が比較的高い場合はおそらく居心地がいいでしょうから、合わないということは少ないでしょう。しかし学力がその学校のなかで中程度だとすると、やはり満足感とか居心地は必ずしもいいとはいえないかもしれません。

そのこともあって、高校から入学する学校の多くは、学力に合ったコースの設定をしている場合がほとんどです。できればそうしたコースのなかから見定め、上位に位置できるところを選びたいですね。

「自分に合う」ことの本質を知るには自らの自分らしさを理解できてこそ

さてここまであげてきた「自分に合うのは」という観点ですが、その自分とはいったいなにものなのかを考えてみましょう。といっても哲学的な話ではありません。通常、なんとはなしに話している、他人ではない自分というくらいの意味です。

これは、多くは役だととらえると納得しやすいはずです。役回りの役、役者の役です。

おのずと場面場面の立場によって自分の引き受ける役どころが決まってきます。

それは俳優さんを見ればわかります。本人は同じ人物なのに、ある劇ではリーダーに、ある劇ではフォロワーになっているように、じつは人と人との関係性で変化してくるものなのです。

ただ学校は同じ生徒同士の集団ですから、一度、役割が固定すると、その役どころを演じ続けることを求められることになりがちです。そこでは演劇のように違う役を演じるチャンスはそうそうありません。

しかし個人に注目してみれば、1人ひとりが主人公といえます。本来だれでも主人公の役回りができるはずなのです。いつもバイプレーヤーである必要はありません。

つまり「自分に合う」という場合の「自分」を固定してとらえる必要はありません。

自分らしくということも含めて、その自分をどんどん広げ、さらなる役作りをしていくことが高校生の間は醍醐味なのです。

例えばガールフレンド、ボーイフレンド1人との出会いで、自分は変われたりしますね。

そうなんです。その変化や成長を期待できる学校こそを選びたいのです。

森上教育研究所
1988年、森上展安氏によって設立。受験と教育に関する調査、コンサルティング分野を開拓。私学向けの月刊誌のほか、森上を著者に教育関連図書を数多く刊行。高校進路研究会は、幅広い高校進学ニーズを抱える中学生、保護者に向け、おもにWebを通じて様々な角度から情報を提供。

受験生のための
明日へのトビラ

中学校での学びから高校での学びにつながる情報をお届けするページです。高校入試のことを中心に、受験に向けたこの1年にみなさんが直面する課題について、例えば各都県の公立高校、私立高校の入試変更点、新設校、新設コースなど、さらに入試展望・入試結果など、受験生に焦点をあてた身近な話題やニュースをお伝えしていきます。保護者のみなさんのお役にも立つと思います。

NEWS

東京　東京都の中学校スピーキングテスト 本格実施に向け最後の試行テスト実施 来年度の都立高校入試で今秋のテスト(11/27)結果を英語の得点に加点開始

「英語で話す力」を測り都立高校入試に反映

東京都教育委員会は都立高校入試の英語採点でスピーキング（話す力）も評価することを決め、今冬に迎える2023年度入試から導入することにしている。

これまで都立高校の入試では、英語の運用技能のうち、ライティング（書く力）、リーディング（読む力）、リスニング（聞く力）の３つの技能は試してきたが、スピーキングだけは、テスト手法、評価方法の難しさから手がつけられていなかった。

都教委は10年以上前から、この課題に取り組み、いよいよスピーキングテストを実施、結果スコアを翌年２～３月に行われる都立高校入試の英語得点に加点する。

テストの名称は「東京都中学校英語スピーキングテスト」で、新たに「ESAT-J（イーサット・ジェイ English Speaking Achievement Test for Junior High School Students)」とも呼ぶことにした。

中学３年生６万4000人を対象に最後のプレテスト

本格実施に向けた最後の確認プレテストは、昨年９～11月に、592校、約６万4000人の公立中学３年生を対象に行われた。今年度の都立高校入試の得点には反映されることはなかったが、実質的には第１回のESAT-Jといっていい。

テストを受けた生徒は、周囲の音が聞こえないようにヘッドホンの上からイヤーマフを装着のうえで、個々のマイクを使用し英文を読み上げたり、英語で質問に答える。各自にタブレットが用意されており、そのタブレットに話しかけて解答音声を録音、その声が採点される方式。

昨秋の結果は平均53.7点

２月、都教委により、今回のESAT-Jの結果概要が発表されたが、英文の読み上げを聞きとり、課題に対応して英語で応える問題については８割以上が好結果を示したが、意見を述べる問題では対応しきれなかった生徒が多く、平均点は53. 7点だった。

この平均点は、昨年、一昨年の54.5点、54.0点に比べると下がっているが、それぞれの母数は今回の６万4000人に比べ、8000人、9200人と少なかったため参考にはならない。

都立高校入試への本格的な活用は、現在の中学３年生（2023年２月に入試を迎える学年）から開始される予定。今秋のESAT-Jは11月27日（日）が予定されている。予備日は12月18日（日）。その結果が翌春の都立高校入試得点の一部に反映される。

東京 都立校で多様化認めジェンダーレス進む 制服で女子用スラックス導入校8割超える

本誌のこのコーナーでは、これまでも制服の男女別廃止、いわゆるジェンダーレス化についてのニュースを扱ってきたが（2022年2月号『全国:男女同じデザインのジェンダーレス制服がジワリ浸透』参考）、このほど、東京都教育委員会は、制服についての調査（2021年12月）の結果を公表した。

調査は都立高校と同中高一貫校を対象に行われ、これらのうち女子用スラックスのある学校が8割に達したという。

女子用スラックスがある学校は、2016年度には制服（または標準服）を設けている180校のうち（そのほか制服なしが16校）、93校で約5割だったが、2021年度は182校のうち（そのほか制服なしが14校）147校と約8割に増えた。残りの2割の学校の一部でも市販のスラックスを女子が着用することを認めている。

この調査は、東京都で進めている「学びの場でのインクルーシブ」を実現する取り組みに、制服の自由選択の推進があげられ、都立校での現状を把握するために行われているもの。インクルーシブとは、「包括的な」という意味だが、教育の場では、「仲間はずれにしない」「みんないっしょに」などの意味で使われる。

これまで、女子用スラックスは冬季の防寒目的の面が強かったが、最近では全国的にジェンダーフリーの面からの導入が増えている。

これらの動きは、男子は詰め襟、女子はセーラー服という概念にとらわれず、ともに同デザインのブレザーを採用する学校、ネクタイでもリボンでも自由に着用できる学校が増えていることにもつながる。

さらに制服自由選択制という学校も現れるようになった。自由選択制とは、性別に関係なく制服（ジャケット、スラックス、スカート等）を自由に選べることをさし、男子がスカートを着用することもフリーとなる。

全国的には地方自治体として「男子スカート可」を明文化しているところもある。また、LGBTの生徒にも違和感なく制服を着てもらおうと、スカートもズボンも性別に関係なく選べるようにしている学校もある。

今回の調査では、都立でも自由選択制導入済みの学校が3校あった（都立高校の松が谷と翔陽、中高一貫校の桜修館中等）。

都教委では、制服の自由選択制を導入している3校をPR校と位置づけ、今後、その効果や成果等を広く周知し、制服の自由選択制導入に向けて検討を進める学校に、検討会議等へ外部有識者を招聘《しょうへい》する場合の経費等を支援することとしている。

なお、都教委HPの「都立高校等検索」では、制服の項で、制服のあり、なしだけでなく、「女子スラックスあり」や「自由選択制」が検索できるようになる。

やがては、女子用スラックスの「女子用」という呼称自体に違和感を持つ時代がやってくることにもなりそうだ。

あの学校の魅力伝えます

スクペディア No. 74

江戸川女子《えどがわじょし》高等学校

東京都　江戸川区　女子校

所在地：東京都江戸川区東小岩5-22-1　生徒数：女子のみ942名　TEL：03-3659-1241　URL：https://www.edojo.jp/
アクセス：JR総武線「小岩駅」徒歩10分、京成線「江戸川駅」徒歩15分、JR常磐線「金町駅」バス

新時代にふさわしい「教養ある堅実な女性」へ

建学の精神に「教養ある堅実な女性の育成」を掲げる江戸川女子高等学校（以下、江戸川女子）。「誠実・明朗・喜働《きどう》」を校訓とし、1人ひとりが伸びのびと3年間を過ごせるような環境を整えています。

2022年度から新教育システムを導入

江戸川女子では「普通科Ⅱ類（難関私立大学をめざすコース）」「普通科Ⅲ類（国公立大学をめざすコース）」「英語科（難関私立・国公立大学の文系学部をめざすコース）」の3コースを用意し、生徒の志望に合った教育を実施してきました。近年ではその学習効果をさらに高めるべく、カリキュラムを進化させています。

「思考力・判断力・表現力」や「主体性を持って学ぶ態度」といった要素が求められる時代の流れから、2021年度にはタブレット端末を導入。探究活動や校外学習、オンライン英会話などに活用し、教科の枠を越えた学びに主体的に取り組めるよう促しています。

また、長年にわたり実施してきた65分授業を、2022年度から始まる新学習指導要領に合わせて45分授業に改めました。これにより、高い集中力を最後まで持続させることが可能になると期待されています。2コマ連続授業（10分の休憩をはさんでの90分授業）も週4回用意し、「講義＋確認テスト」「演習＋解説」「グループワーク＋発表」など、各学年・科目・分野に応じた授業を行っています。

45分授業のメリットはそれだけではありません。週40コマ（月8コマ・火〜金7コマ・土曜日4コマ）が設置可能となったことで、高2までに必履修科目のほぼすべてを終えられる体制が整いました。さらに、高3の授業では十分な量の演習を行い、基礎学力だけでなく応用力（とくに大学入試に対応できる力）も養っていきます。

加えて、2022年度、新しい校舎（西館）が完成しました。この校舎は高3専用として、生徒が受験に向けて最大限の力を発揮できるよう工夫されています。同時に制服もリニューアルされ、セーターやベスト、ポロシャツのほか、スカートだけでなくスラックスタイプも選べるようになりました。

新時代にふさわしい女性を育てるべく、時代に合わせて進化し続ける江戸川女子です。

あの学校の魅力伝えます
スクペディア No. 75

杉並学院《すぎなみがくいん》高等学校

東京都　杉並区　共学校

所在地：東京都杉並区阿佐谷南2-30-17　生徒数：男子560名、女子561名　TEL：03-3316-3311　URL：https://suginami.ed.jp
アクセス：JR中央線・総武線「高円寺駅」「阿佐ヶ谷駅」徒歩8分

適性に合わせた教育で個々の力を引き出す

カラフルで明るい色彩の校舎に充実した設備を備える杉並学院高等学校（以下、杉並学院）。「自立・成楽《じょうらく》―社会に役立つ人であれ―」を建学の精神とし、生徒に学ぶ楽しさや努力する大切さを伝え、たくましく生きていく力を養成しています。

杉並学院の授業は以下の2コースに分かれて行われます。「特別進学コース」は実践力や応用力を身につけるため、授業で多くの演習問題を取り入れているコースです。教科によっては少人数制の習熟度別授業も実施されており、よりきめ細かな指導を受けられます。「総合進学コース」では中学校の内容の復習や基礎知識の定着が重視されます。苦手なところやわからないところを繰り返し学習することで、着実に学力を伸ばすことができます。

両コースは授業進度や使用教材は異なりますが、高1は共通カリキュラムで学びます。そして高2進級時、1年間の学習状況や校内で実施される進路適性検査の結果から希望進路を考え、それに合わせてコースを選び、コース内での文理選択も行います。高3からはどちらのコースも週8時間以上の自由選択講座が用意されており、受験科目に沿って受講することが可能です。

放課後学習を支援する独自の取り組み

部活動が盛んで、約8割の生徒が部に所属している杉並学院は、授業と連携した取り組み「SILSS（杉学個別学習支援システム）」で、放課後学習の効果を高めていることも特徴です。「SILSS」は休日も利用可能な自習室、オンラインで閲覧できる映像講座、長期休暇中に開講される無料の講座、校内で行われる希望制の個別指導講座の4つで、隙間時間も活用して効率よく学習できるよう支援しています。

このほか、世界に羽ばたく人材の育成のため、国際教育にも力を入れています。留学制度はオーストラリアの姉妹校（2週間）と、カナダの高校（4カ月または10カ月間）の2種類の行き先を用意。留学しない生徒もオーストラリアの姉妹校の生徒とメールでやり取りをしたり、互いの文化を教えあうビデオを制作したりして交流します。

このように、手厚い指導で生徒の力を引き出す杉並学院。生徒は3年間意欲的に学び、それぞれ夢への一歩を踏み出していきます。

あの学校の魅力伝えます
スクペディア No. 76

二《に》松学舎《しょうがくしゃ》大学《だいがく》附《ふ》属《ぞく》高等学校

東京都　千代田区　共学校

所在地：東京都千代田区九段南2-1-32　生徒数：男子327名、女子378名　TEL：03-3261-9288　URL：https://www.nishogakusha-highschool.ac.jp/
アクセス：地下鉄東西線・地下鉄半蔵門線・都営新宿線「九段下駅」徒歩6分

「心を育て　学力を伸ばす」充実の3年間

二松学舎大学附属高等学校（以下、二松学舎大附属）は、「仁愛・正義・※弘毅・誠実」の校訓に基づいた心の教育と、4年制大学への現役合格を可能とする学力の育成という二本柱で、「心を育て　学力を伸ばす」学校です。学習・部活動・行事という高校生活の「三兎」を追う生徒たちが、充実した3年間を送っています。

二松学舎大附属の教育内容のうち、特徴的なものをご紹介します。まずは『論語』を通じた人格教育です。週1時間、『論語』を3年間学び続けます。全国的にみても珍しい取り組みで、多くの卒業生が「一番心に残る授業」と語ります。

次に、大学附属校であることを活かした高大連携教育です。隣接する二松学舎大学とは、3年次に連携授業を実施。経営学・書道・中国語を用意し、受講者は大学の教室で、大学生とともに授業を受けます。二松学舎大学へ進学した場合は、単位認定もされます。

2年次には、希望者を対象に、大学教員による特別リレー講座「二松学舎『学び』のコース」を開催。年に8回、様々な専門分野の話を聞くことができ、生徒のキャリア形成にも大きな刺激となります。

また、千代田区九段という立地を活かした地域と連携した教育も魅力です。例えば九段周辺で実地調査を体験する「九段フィールドワーク」は、生徒が自主的に学ぶ姿勢を育む機会となります。

手厚い学習支援で現役合格をめざす

二松学舎大附属では、1年次は特進コース、進学コース、体育コース（野球部のみ）に分かれ、2年次からは理系コースも加わり、生徒1人ひとりの適性と進路に応じた4コース制となります。

授業以外での学習支援も手厚く、1・2年対象の夏期勉強合宿や3年対象の英語合宿、校内予備校「学び舎」、夏期・冬期講習会、卒業生チューターによるサポートなど、親身な指導で生徒の学力を伸ばすプログラムが整っています。

コース別の学習指導も充実し、進学クラスでは指名制の「ベースアップ講習会」、特進コースでは希望者を対象とした「レベルアップ講習会」を実施します。

二松学舎大附属は、「心を育て　学力を伸ばす」教育方針のもと、生徒がしっかりと成長できる学校です。

※弘毅（こうき）＝心が広くて意志が強いこと

あの学校の魅力伝えます
スクペディア No. 77

江戸川学園取手高等学校《えどがわがくえんとりで》

茨城県　取手市　共学校

所在地：茨城県取手市西1-37-1　生徒数：男子669名、女子596名　TEL：0297-74-8771　URL：http://www.e-t.ed.jp/
アクセス：関東鉄道常総線「寺原駅」徒歩20分、JR常磐線・関東鉄道常総線「取手駅」徒歩25分またはバス、つくばエクスプレス・関東鉄道常総線「守谷駅」バス

生徒の「本気」に本気で応える学校

「生徒の夢は学校の目標」を教育スローガンに掲げる江戸川学園取手高等学校（江戸川学園取手）。朝7時から最大夜8時まで校内で自習が可能な学習環境、質問しやすいオープンな職員室、希望制の放課後講座「アフタースクール」、入試情報の提供など万全の体制で生徒の夢の実現を支えています。

そのサポートは学習面だけにとどまりません。43種類の部・同好会があり、部によっては外部コーチを導入しながら盛んに活動しています。さらに、様々な校外コンクールやボランティアでも多数の生徒が活躍中です。模擬起業グランプリ、模擬裁判選手権、模擬国連大会、科学の甲子園、化学グランプリ、そのほか外部プロジェクトなど、あらゆる方面で積極的にチャレンジしています。自分の夢を応援してくれる環境、それが江戸川学園取手の魅力です。

多様な生徒が活躍する規律ある進学校

教育方針である「規律ある進学校」という言葉から、「校則の厳しい、管理型教育の学校なのでは」と思う人もいるかもしれません。しかし、同校では「規律」とは「他者への思いやり」だととらえられています。そして、それは強制されるのではなく、生徒1人ひとりが自らを律することで達成されるとの考えから、例えば校則も「校則改定委員会」を中心に生徒が考え、見直しています。

個々の判断力が求められるこれからの社会において、自らを律することができる規範意識の育成は、学校の大きな使命であると江戸川学園取手は考えています。学習指導においても、大量の宿題を出して生徒を管理するようなことはありません。主体的に学ぶ姿勢を重視し、大学入試を終えたあとも、生涯にわたって学べる生徒を育てています。

また、社会に貢献する心豊かなリーダーへと成長するために、「心力」「学力」「体力」を三位一体として伸ばしていくことも大切にされています。多様な学校行事や道徳・LHRの時間に加えて、著名人による講演会やコンサートなど、情操を養う取り組みも行っています。

充実した施設・設備がそろうキャンパスは自然に囲まれており、伸びのびと3年間を過ごせる環境が整っている江戸川学園取手。独自の教育で心豊かな真のリーダーを輩出し続けています。

2022年度首都圏公立高校入試結果

安田教育研究所　代表　安田理

中学３年生の人口が久しぶりに増えたため、2022年度は首都圏１都３県の公立高校で臨時募集増を行った学校がありました。そして、東京・千葉・埼玉では公立の志望者減少に歯止めがかかり、人気校の応募者増が多くみられました。東京都立高校の女子では応募者が急増した中堅上位校もありましたが、多くの場合、人気校の顔ぶれは変わっていません。不人気校では応募者がさらに減少する傾向が強く、定員割れの校数も増えています。このような人気の二極化傾向は来春以降も続きそうです。

一般入試の応募倍率は増、推薦入試は減

東京 都立

2022年度の東京都立高校一般入試では応募者が増え、平均応募倍率も1・35倍から1・37倍に上昇。前年、応募者が増えた推薦入試では減少、平均応募倍率も2・78倍から2・54倍に緩和し、現行制度では最も低い平均倍率でした。人気校に応募者が集中する一方、定員割れ校数は増えて、人気の固定化・二極化傾向が続いています。

一般入試

一般入試の平均実倍率
6年ぶりの上昇に転じる

2022年度の都立高校一般入試では3万306人の募集に対し4万1489人が応募しました。平均応募倍率は1・35倍から1・37倍に上がりました。2016年に1・50倍から1・51倍に上がったとき以来、6年ぶりの上昇です。しかし、2年前の1・40倍にはおよんでいません。

受験者数は3万8905人で2万8640人が合格しました。平均実倍率は昨年より0・04ポイント上がり、1・36倍でした。

定員割れは412人増え、後期・2次募集定員は昨年の1877人から2289人に増えました。人気の二極化が強まっています。

また、男女別定員の緩和により男女で定員と異なる合格数となった高倍率校がありました。

男子応募倍率は日比谷トップ
女子は応募者急増の神代

男女別定員の学校についてみていきます。

普通科男子では日比谷が応募者数、倍率とも2年連続1位でした。

2位は目黒で1・75倍から2・39倍に急上昇。2・01倍から2・25倍にアップした青山が3位。2・19倍から2・14倍に少しだけ下げた戸山が4位でした。両校とも日比谷と同じ進学指導重点校です。5位の豊多摩は1・98倍から2・05倍に増え、順位を2ランク上げています。

普通科の女子では神代が1・90倍から2・48倍に急上昇しトップに立ちました。2・34倍から2・47倍に伸ばした広尾が3位から2位に順位を上げています。井草も2・01倍から2・36倍にアップして3位、昨年13位の向丘が4位でした。昨年トップの三田は2・99倍という高倍率が敬遠され、2・26倍で5位に順位を下げました。

男子と異なり、進学指導重点校は上位5校に入っていません。推薦入試では男子より強気の選択がめだつ女子ですが、一般入試では堅実さがみられます。一方、応募倍率が2倍

新設の創造理数科が人気を集めた都立立川

台だったのは昨年の10校から16校に増えました。男女で顔ぶれこそ違いますが一部に人気が集中しています。

単位制などでは新設の立川・創造理数が4・59倍で大人気でした。普通科へのスライド合格があるのも応募者を集めた要因です。

応募者数トップは男子・日比谷 女子・北園、単位制は新宿

応募者数が多かったのは男子が日比谷、女子は北園、単位制ほかでは新宿でした。男女の合計数では新宿が670人で最多、青山558人、日比谷546人、北園534人、豊多摩533人、戸山、文京各525人と続きます。

応募者数上位10校のうち、男子では7校、女子では5校が前年と同じ顔ぶれで、人気の固定化が続いています。単位制ほかでは、新宿、国分寺、芦花のトップ3は変わらず、10校中9校が同じ顔ぶれでした。

2022年度一般入試 応募倍率上位校（普通科男子）

1位	日比谷	2.50倍
2位	目　黒	2.39倍
3位	青　山	2.25倍
4位	戸　山	2.14倍
5位	豊多摩	2.05倍

2022年度一般入試 応募倍率上位校（普通科女子）

1位	神　代	2.48倍
2位	広　尾	2.47倍
3位	井　草	2.36倍
4位	向　丘	2.35倍
5位	三　田	2.26倍

2022年度一般入試 応募者数上位校（普通科男子）

1位	日比谷	330人
2位	青　山	293人
3位	戸　山	283人
4位	豊多摩	270人
5位	文　京	262人

2022年度一般入試 応募者数上位校（普通科女子）

1位	北　園	273人
2位	青　山	265人
3位	豊多摩	263人
	文　京	263人
	神　代	263人

推薦入試

応募者が減って 過去最低の平均応募倍率

2022年度の都立高校推薦入試では中学3年生人口の増加に対応し、昨年より4075人多い9175人を募集。応募者数は2万3282人で前年の1311人増から一転して1067人の減少でした。

平均応募倍率は2・78倍から2・54倍に下げ、2年前の2・55倍をも下回り過去最低です。普通科男子が2・87倍から2・69倍に、女子も3・58倍から3・25倍に、単位制普通科は3・15倍から3・11倍に減少しました。

推薦応募倍率 男女とも青山が1位

昨年に続き、推薦の応募倍率1位は男女とも青山でした。男子が6・14倍から5・93倍に、女子は9・77倍から9・62倍にと下げましたが、下げ幅が小さかったので首位を維持しました。

男子の2位は広尾で2・65倍から5倍、3位の東は1・79倍から4・92倍とどちらも大きくアップしています。足立が7位から順位を上げて4位、昨年2位の城東が5・75倍から4・66倍に下げ5位でした。

女子2位の鷺宮は3・96倍から5・65倍に上昇しています。3位の

2022年度推薦入試 応募倍率上位校（普通科男子）

1位	青　山	5.93倍
2位	広　尾	5.00倍
3位	東	4.92倍
4位	足　立	4.86倍
5位	城　東	4.66倍

2022年度推薦入試 応募倍率上位校（普通科女子）

1位	青　山	9.62倍
2位	鷺　宮	5.65倍
3位	日本橋	5.50倍
4位	戸　山	5.23倍
5位	東	5.14倍

日本橋は２年前に３位、昨年は12位でした。４位の戸山はほぼ変わらない高さでした。男子でも急増していた東が１・91倍から５・14倍に大きく増やして５位に入っています。今年も男子に比べ、女子の方が応募倍率の高さがめだちます。男女別定員でないところでは総合芸術・美術６・63倍、同・舞台表現５・92倍、新宿６・53倍が高応募倍率でした。新宿は６倍台→５倍台→４倍台→６倍台という動きです。

応募倍率微減、横浜翠嵐トップ維持

神奈川 県立 市立

２０２２年度の神奈川公立は４万５３０人の募集に対し、応募者数は４万７５６１人でした。公立中学卒業予定者が１９５５人増えたのに対し、公立高校への応募者数はその約４割の７９９人の増加にとどまりました。平均応募倍率は前年の１・18倍から１・17倍へと微減。受験者数４万７０３６人のうち３万９０９３人が合格しました。平均実倍率は０・01ポイント上がり、１・20倍でした。

応募倍率０・01ポイント減 横浜翠嵐は２・25倍に上昇

普通科の応募倍率上位10校のうち、学力向上進学重点校は横浜翠嵐の１校のみ、進学重点校エントリー校が多摩、横浜緑ケ丘、希望ケ丘、鎌倉、横浜平沼、茅ケ崎北陵の６校でした。特色検査の自己表現検査実施校が７校を占めています。

最も応募倍率が高かったのは今年度も横浜翠嵐で、２・07倍から２・25倍に上昇、１・78倍で２位の多摩と大きく差が開いています。

2022年度応募倍率上位10校

1位	横浜翠嵐	2.25倍
2位	多摩	1.78倍
3位	横浜緑ケ丘	1.68倍
4位	湘南台	1.67倍
5位	新城	1.60倍
6位	横浜市立南	1.55倍
7位	希望ケ丘	1.54倍
8位	鎌倉	1.53倍
9位	横浜平沼	1.51倍
9位	茅ケ崎北陵	1.51倍

2022年度応募者数最多10校

1位	横浜翠嵐	804人
2位	市ケ尾	592人
3位	七里ガ浜	569人
4位	希望ケ丘	551人
5位	湘南	537人
6位	住吉	503人
7位	多摩	495人
8位	海老名	488人
9位	鎌倉	486人
10位	厚木	485人

昨年４位の湘南は１・50倍で11位、５位だった七里ガ浜は人口増に対応した募集増で倍率が緩和したため、ランク外となりました。

細かい倍率の上下動はありますが、人気校の固定化傾向は続いています。地域としては横浜、川崎、湘南エリアの高校が名を連ねています。いずれも近年人口が増えている地域と重なっています。

普通科以外では横浜国際・国際バカロレア２・10倍、神奈川工業・デザイン２倍、神奈川総合・国際文化１・80倍が高倍率でした。

横浜翠嵐が応募者８００人超 ８年連続の県内最多に

応募者数上位10校でも横浜翠嵐が８年連続で１位でした。昨年に続き増加し、８００人を超えました。４年連続で２位だった湘南は少し応募者を減らし５位にダウンしました。

進学重点校でランク入りしているのは両校と厚木の３校、進学重点校エントリー校は希望ケ丘、多摩、鎌倉の３校でした。年によって多少違いはあるものの、上位校の顔ぶれはそう大きく変わっていません。

人気の二極化傾向が強まりそう

受験後出願取り消しは310人→292人→379人→328人→317人→301人→244人と4年連続で減少しました。

最も多かったのは今年も横浜翠嵐で33人でしたが、4年連続で減少しています。応募の取り消し、欠席数は493人から765人に増えています。コロナ禍の影響もありますが、公立に出願しながら併願の私立に進路変更するケースも増えているようです。

全日制で定員割れをした高校は36校1521人で、昨年の1039人から大きく増えています。4年前からの推移は338人→615人→1071人と増え続け、昨年は少し減っていました。人気校の応募者が増え倍率が上昇している一方で、難度の低い高校や専門学科での定員割れがめだちます。近年は公私立問わず通信制高校の応募者が増えていることも合格しやすい高校の応募者減と関係がありそうです。東京をはじめ近隣他都県でも似た動向が見られ、今後も人気の二極化傾向が強まりそうです。

相変わらず人気を集めている県立横浜翠嵐

2022年度
特色検査の自己表現検査
共通選択問題 実施18校

・学力向上進学重点校…横浜翠嵐、湘南、柏陽、厚木、川和
・エントリー校…希望ケ丘、横浜緑ケ丘、光陵、平塚江南、横須賀、多摩、横浜平沼、鎌倉、小田原、大和、相模原、茅ケ崎北陵、横浜国際

自己表現実施校は増加傾向 2年間で7校から18校に

2020年度入試から自己表現検査の共通選択問題を進学重点校と進学重点校エントリー校で実施しています。自己表現検査は科目にとらわれず総合的な学力を問うもので、2年間で7校から18校に実施校が増えました。

今年、実倍率を上げたのは横浜翠嵐、柏陽、厚木、光陵、希望ケ丘、横浜平沼、多摩、横須賀、鎌倉、茅ケ崎北陵、平塚江南、小田原、横浜国際・国際バカロレアの13校で昨年の10校を上回りました。

このうち、横浜翠嵐、厚木、希望ケ丘、多摩、鎌倉、茅ケ崎北陵、平塚江南の7校は2年連続で実倍率が上昇しています。また、独自問題で「自己表現検査」を実施した市立横浜サイエンスフロンティア・理数も実倍率を上げました。

千葉 県立・市立

入試制度の変更2年目で応募者増

千葉の公立高校入試は2021年度から入試機会が一本化されました。新制度下2年目にあたる2022年度は応募者が増え、平均倍率も前年を上回りました。前述の近隣他都県と同様、人気校の高倍率と定員割れ校数の増加がみられます。

平均応募倍率増で1・11倍も定員割れの流れおさまらず

昨年度、前・後期の2回入試から入試機会が1回に変わりました。分散していた合格者数が集約されたため、2020年度前期1・68倍、後期1・41倍から平均応募倍率は1・

県立千葉で初の思考力問題出題

08倍に緩和しました。制度変更への不安もあり公立離れが続きました。

2022年度は募集定員3万1320人に対し、3万4637人が応募し、平均応募倍率は1・11倍でした。昨年より0・03ポイント上昇しています。

3万4438人が受検しましたが、昨年と同様、定員割れ校・欠員が増えたため、合格者数は2万9010人でした。昨年も合格者数が募集数より2000人近く少なかったのですが、今年は2000人を上回りました。平均実倍率も1・15倍から1・19倍に上昇、応募倍率を上回っています。

「東葛飾、県立船橋、県立千葉」御三家が応募倍率トップ3

2022年度、普通科の応募倍率トップは2年連続で東葛飾です。1・86倍で昨年の1・82倍より上昇しました。2位も昨年と同じ県立船橋が1・83倍で昨年の1・76倍より上昇、東葛飾との差を縮めました。3位には県立千葉が1・50倍から1・69倍にアップし7位から3位に順位を上げました。

県立千葉では今年から入試2日目の学校指定検査が作文から思考力を問う問題に変更されましたが、敬遠されることなく応募者数を増やしています。来年度、他校で追随するところが出てくるかどうかにも注目したいところです。

応募倍率トップ3に千葉県立御三家が並びました。4位以下の千葉東、津田沼、佐倉、市立千葉、八千代も上位10校の常連校です。

普通科以外では県立松戸・芸術1・90倍が最も高く、佐倉・理数1・85倍、小金・総合1・82倍、市立稲毛・国際教養1・78倍、柏の葉・情報理数1・73倍が続きます。理数や国際教養など大学進学を視野に入れた専門的な学習のできる学科・コースが多く、やはり人気の固定化が起きています。

2022年度普通科応募倍率上位10校

1位	東葛飾	1.86倍
2位	県立船橋	1.83倍
3位	県立千葉	1.69倍
4位	千葉東	1.65倍
5位	津田沼	1.61倍
6位	佐倉	1.60倍
7位	市立千葉	1.58倍
8位	成田国際	1.53倍
9位	木更津	1.51倍
10位	八千代	1.49倍

応募者数1位は幕張総合 普通科では県立船橋

応募者数についてもみてみましょう。

募集数の多い幕張総合（総合）が1位を維持しています。応募者数は昨年の1007人から1044人に増やしました。4年連続で1000人を超えています。応募倍率は1・54倍で実倍率も1・53倍でほぼ変わっていません。

2位の県立船橋は4年連続で普通科の1位になっています。応募者数は563人から587人に増加。千葉県公立高校御三家と称されることもありますが、県立千葉、東葛飾は附属中学校があるのに対し唯一の高校募集単独校であるため、毎年数多くの応募者を集めています。

3位の小金（総合）は約100人増やしてのランク入りです。柏南、千葉東、津田沼、佐倉、東葛飾、市立千葉も順位は多少違うものの人気常連校です。

2022年度応募者数 最多10校

1位	幕張総合（総合）	1044人
2位	県立船橋	587人
3位	小金（総合）	582人
4位	柏南	530人
5位	千葉東	529人
6位	津田沼	515人
7位	国分	454人
8位	佐倉	449人
9位	東葛飾	447人
10位	市立千葉	442人

定員割れ数は2000人以上 学区制など地域性の問題も

ここ3年ほど、千葉に限らず公立高校の定員割れ数が増えています。合格難度が高くない普通科や専門学科などで人気低下が顕著です。

千葉公立高校の二次募集数は2018年度以降、651人→870人→927人→1937人と増え続け、今年度は2312人と375人も増え、2000人を超えました。

千葉は広いため、学区制度で受検できる公立はある程度限定されます。ところが、人口の少ない地域にあるのに募集数の多い高校では定員割れを起こさざるをえない場合もあります。このようなケースは仮に学区を撤廃しても解決しそうにないので、公立高校再編も含め検討する必要がありそうです。

人気校には応募者が集まり実倍率が上昇し、不人気校は定員割れ数が増える、といった状況は毎年のように起こり、今後も続きそうです。

なお、新制度が定着しつつある3年目は増えた反動で多少減る可能性もありますが、そう大きくは変わらないと思われます。志望校をじっくり丁寧に探し、本当に行きたい高校を見つけたら、合格に向けて対策を早めに立てることが重要です。

応募倍率・応募者数減に歯止め

埼玉 県立 市立

埼玉の公立高校入試では応募者数の減少、平均応募倍率の緩和が続いていました。2022年度は応募者数が増え、平均応募倍率も微増。近隣他都県と同様、人気校の応募者の多さ、倍率の高さがめだつ一方、定員割れ校数も増えています。応募倍率では理数科人気、応募者数では難関校人気の高さが今年もみられました。

平均応募倍率は1・09倍から1・10倍に

埼玉でも中学卒業予定者数の増加に伴い公立高校の募集数を増やしました。公立志望の減少傾向は止まり、応募倍率は1・09倍から1・10倍に増えました。定員割れ校や欠員が増えていることから実倍率が応募倍率を上回っているものの、近年の平均実倍率は1・19倍→1・18倍→1・17倍→1・14倍→1・13倍→1・14倍と推移しています。それまであまり変わらなかった実倍率ですが2年前の数値に戻りました。

募集定員3万6961人に対し、4万265人が応募しました。受検者数は昨年より731人増え3万9877人で、合格者数は439人増の3万5119人でした。不合格者数は2018年から6748人→6398人→5047人→4476人→4758人と今年は減少から一転、増加しています。

欠員数は224人増えて1682人に

欠員補充数は9年前の240人から451人→404人→380人→506人→990人→915人→780人→1458人→1682人と、昨年、それまでの減少傾向から急増に転じ、今年も増えています。

ほぼ横ばいですが、平均応募倍率が上がっていて、定員割れ校数が増えているのは人気の二極化傾向によるものです。

埼玉では県内私立高校に進学した際の就学支援金が充実しているので公私間の学費格差が小さく、私立人気の上昇がみられました。ところが今年は私立を第1志望にする応募者の減少傾向がみられ、減り続けていた私立併願者が増加しています。

埼玉の場合、私立入試の大勢が1月下旬に確定します。一方、公立入試は2月下旬に実施され、合格発表は3月4日でした。私立を併願で合格後、公立を受験するまで1カ月以上、空いてしまいます。コロナ禍で制約の多いなか、「早く受験を終わらせて解放されたい」と考えた受験生が公立入試を待たずに併願している私立を進路先に決めてしまうケースが増えたようです。

応募倍率トップは大宮（理数）理数人気と普通科は市立浦和

2022年度の応募倍率上位10校のうち、理数科が半数以上を占めました。6校は昨年と同倍率で2倍を超えた学校数も昨年と同じ3校です。

専門学科は募集数が少ないため、

公立復調も私立への流れ未だに

少しの人数の変動でも倍率が激しく上下動します。前の年に倍率が上がると敬遠されがちななか、大宮（理数）が2年連続の1位で2・45倍でした。応募倍率を2・35倍から0・1ポイント上げています。昨年、同率で2年連続首位だった市立大宮北（理数）は1・60倍に緩和し、順位を10位に下げました。3位の市立浦和は普通科ではトップをキープしています。1・90倍から2・13倍に上昇、2倍台は普通科では市立浦和だけでした。川口市立（理数）も昨年の2・08倍から1・88倍に緩和、順位は1ランクしか下げていません。同校の普通科も1・83倍と高倍率で、安定した人気です。

普通科だけでみると、3位以下は浦和西1・56倍、蕨1・48倍、市立川越1・48倍、浦和第一女子1・48倍、大宮1・47倍、市立浦和南1・47倍、県立川越1・45倍、越谷北1・45倍と続きます。上位校・難関校が多く、毎年のように高い倍率になる高校も少なくありません。

県内トップ校の県立浦和は4年連続で実倍率が上昇していましたが、昨年1・47倍から1・26倍に緩和、今年は1・30倍で再び上昇に転じました。

同様に昨年緩和した浦和第一女子、川越女子、県立川越も実倍率が上昇しています。チャレンジ志向が少し戻ってきたのかもしれません。

一方、共学校トップ校の県立大宮の普通科は2年連続で実倍率を下げていましたが、昨年1・28倍から1・48倍に上昇、今年は1・47倍でほぼ変わっていません。

大宮の理数科が県立の倍率トップだった

2022年度応募倍率上位10校

1位	大宮（理数）	2.45倍
2位	所沢北（理数）	2.43倍
3位	市立浦和	2.13倍
4位	川口市立（理数）	1.88倍
5位	川口市立	1.83倍
6位	松山（理数）	1.68倍
7位	和光国際（外国語）	1.63倍
8位	越谷北（理数）	1.63倍
9位	市立川越（国際経済）	1.61倍
10位	市立大宮北（理数）	1.60倍

2022年度応募者数上位10校

1位	伊奈学園総合	852人
2位	浦和西	558人
3位	浦和第一女子	528人
4位	県立川越	519人
5位	川口市立	513人
6位	市立浦和	512人
7位	川越南	503人
8位	越ヶ谷	490人
9位	川越女子	484人
10位	蕨	471人
	所沢	471人

応募者数の1位は伊奈学園総合852人

応募者数上位10校では募集規模の大きい伊奈学園総合が今年も1位でした。2年連続で増えています。臨時増で716人募集だったため、応募倍率は1・24倍から1・19倍に緩和しました。

前年4位だった浦和西が63人増やし2位に順位を上げました。浦和第一女子の応募者数も33人増えていますが、3位のままです。県立川越も応募者数を33人増やして、こちらは5位から4位に上がりました。5位の川口市立も30人近く増やして順位を維持しています。6位には普通科で応募倍率トップの市立浦和が10位から順位を上げています。

薄れてきた隔年現象 常識にとらわれない姿勢も必要

順位に多少の違いはあるものの、応募者数上位11校のうち7校が前年に続いて名を連ねています。以前から応募者が増え倍率が高くなった翌年には敬遠されて減少する傾向がありました。しかし、近年は敬遠されてもあまり減らなかったり、2年連続で増えたりすることも多くなりました。

隔年現象を見越して出願先を決めると予想と異なる展開になることも考えられます。

何かをしたい、をカタチにしたい。

中央大学杉並高等学校

〈共学校〉

2023年、文京区茗荷谷に法学部が移転することで、さらなる注目を集めている中央大学。その附属校の1つに中央大学杉並高等学校（以下、中杉）があります。

すべての生徒が高校から入学し、例年9割以上の生徒が中央大学へと進学する中杉ですが、その高校・大学7年間の伸びやかな環境のなかで、様々な教育実践が行われています。

模擬裁判選手権

そのうちの1つが模擬裁判選手権です。模擬裁判選手権は日本弁護士連合会が主催する、いわば「法廷甲子園」とでも呼ぶべき大会で、実際の裁判さながらに、各高校が弁護側、検察側に分かれ熱戦を戦わせていきます。

中杉は2017年から5年連続東京都代表となり、毎年、優勝あるいは準優勝に輝く強豪校として知られています。その強さの秘密について、中杉チームを指導する小泉尚子教諭は次のように述べています。

「本校は、他者と共に育ち共に創るという『共育と共創』を教育理念として掲げており、その理念通り、普段の授業でも様々な意見を戦わせるグループワークが盛んに行われています。他校の先生から、中杉は多様な視点から論理を構築しているので非常に攻めづらいと言われるのですが、それは普段の授業がそのまま生きているのだと思います」

右下のQRコードから模擬裁判選手権の動画を見ることができます。「法科の中央」といわれる中央大学の伝統が、中杉の「共育と共創」という実践の中でいきいきと息づいている様子を感じることができるでしょう。

CHUROS

中央大学には、グローバルな情報環境を法学によってデザインしていく日本初の「国際情報学部」があります。そこで必要となってくるのが、英語で物事を考えていく力です。中杉ではこのような時代の要請にこたえるべくCHUROSという独自の英語教育プログラムを立ち上げました。

CHUROSはChusugi Round Systemの略で、その一番の特徴は、一度学んだ教材について、発表活動などのアウトプットを、時期をずらしながら繰り返し行うところにあります。これによって英語の定着度や発信力を伸ばしていくのです。

例を挙げると、“empathy”（共感）に関する英文をまず教科書で学び、その数か月後、この英文に関する面接テストを二人一組で行います。一方が悩みを話し、もう1人がそれに対し即興で「共感」を示します。もちろんすべて英語です。数か月前に学んだことを、アプローチを変えながらアウトプットしていくことで、いつの間にか実践的な英語力が身についていくというわけです。大学受験にとらわれない、高大一貫教育校らしい取り組みです。

数ある大学附属校の中でもとりわけ人気の高い中杉ですが、このような魅力的な取り組みに人気の秘密がありそうです。

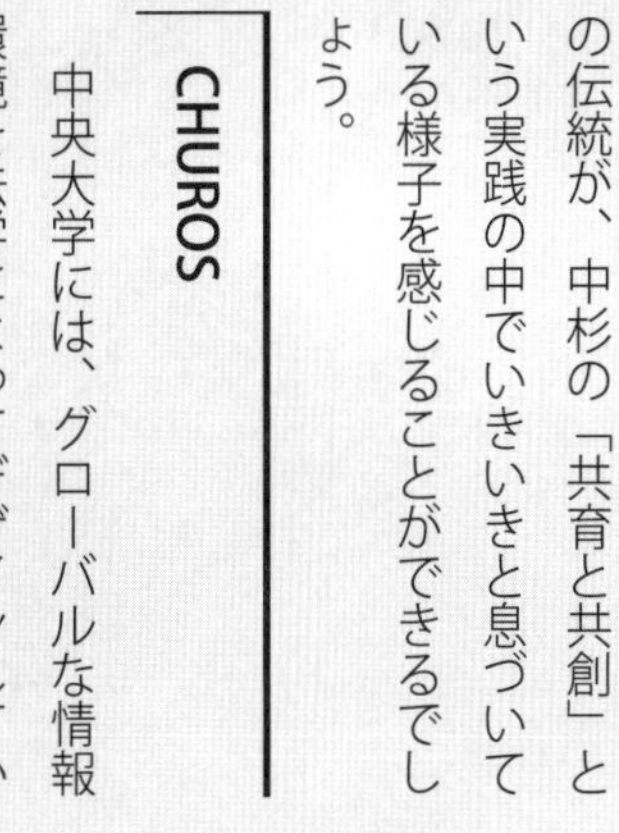

●Address
東京都杉並区今川2-7-1
●TEL
03-3390-3175
●Access
JR中央線・東京メトロ丸ノ内線「荻窪駅」西武バス8分、西武新宿線「上井草駅」徒歩12分

桐朋《とうほう》高等学校

東京　男子校

問題

下の図のように，正六角柱ABCDEF－A′B′C′D′E′F′がある。辺FF′の中点をM，線分ADとBFの交点をNとする。

AB＝6，AA′＝12のとき，次の問いに答えよ。

（1）△MNB′の面積を求めよ。

（2）三角錐D′－MNB′の体積を求めよ。

（3）辺CC′の中点をPとし，Pを通り平面MB′D′に平行な平面で三角錐D′－MNB′を切ったとき，頂点Nを含む方の立体の体積を求めよ。

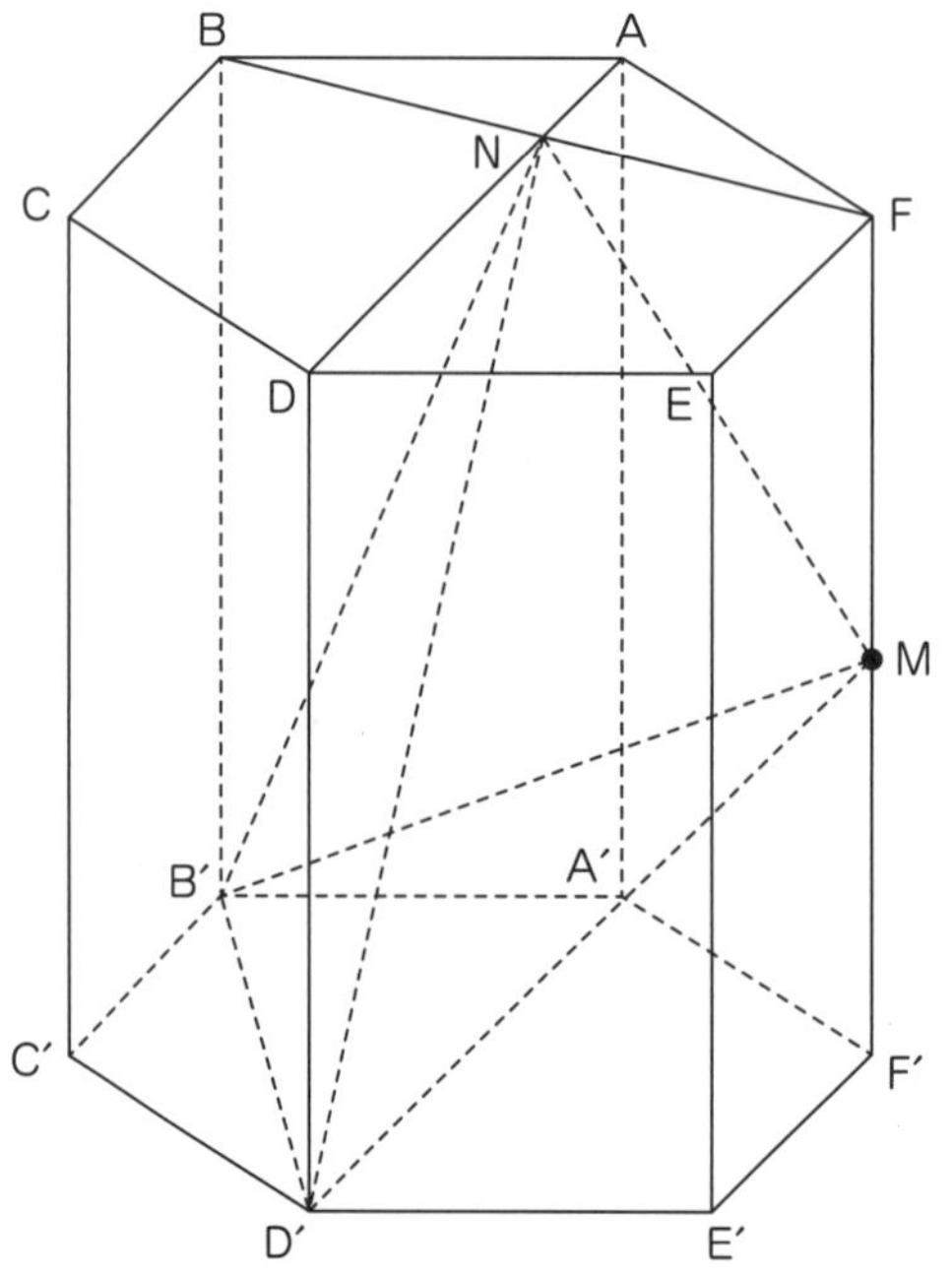

解答　（1）$27\sqrt{3}$　（2）$81\sqrt{3}$　（3）$\frac{\sqrt{3}}{6}$（解答は本誌作成）

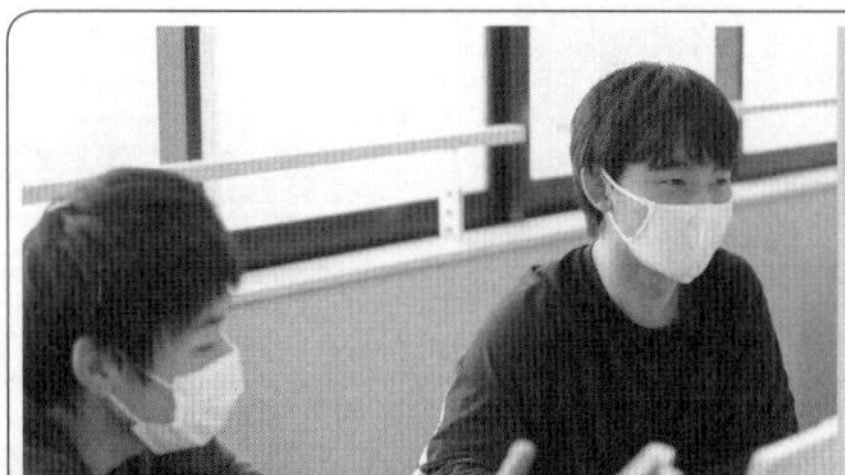

東《とう》京《きょう》電《でん》機《き》大《だい》学《がく》高等学校

東京　共学校

1

大小２個のさいころを同時に投げ，出た目の数をそれぞれa，bとします。このとき，$a^2+b^2 \leqq 12$となる確率を求めなさい。

2

図は，35人の数学のテストの結果をヒストグラムに表したものです。このデータの中央値について，次の①～⑤の中から適切なものを選び，番号で答えなさい。

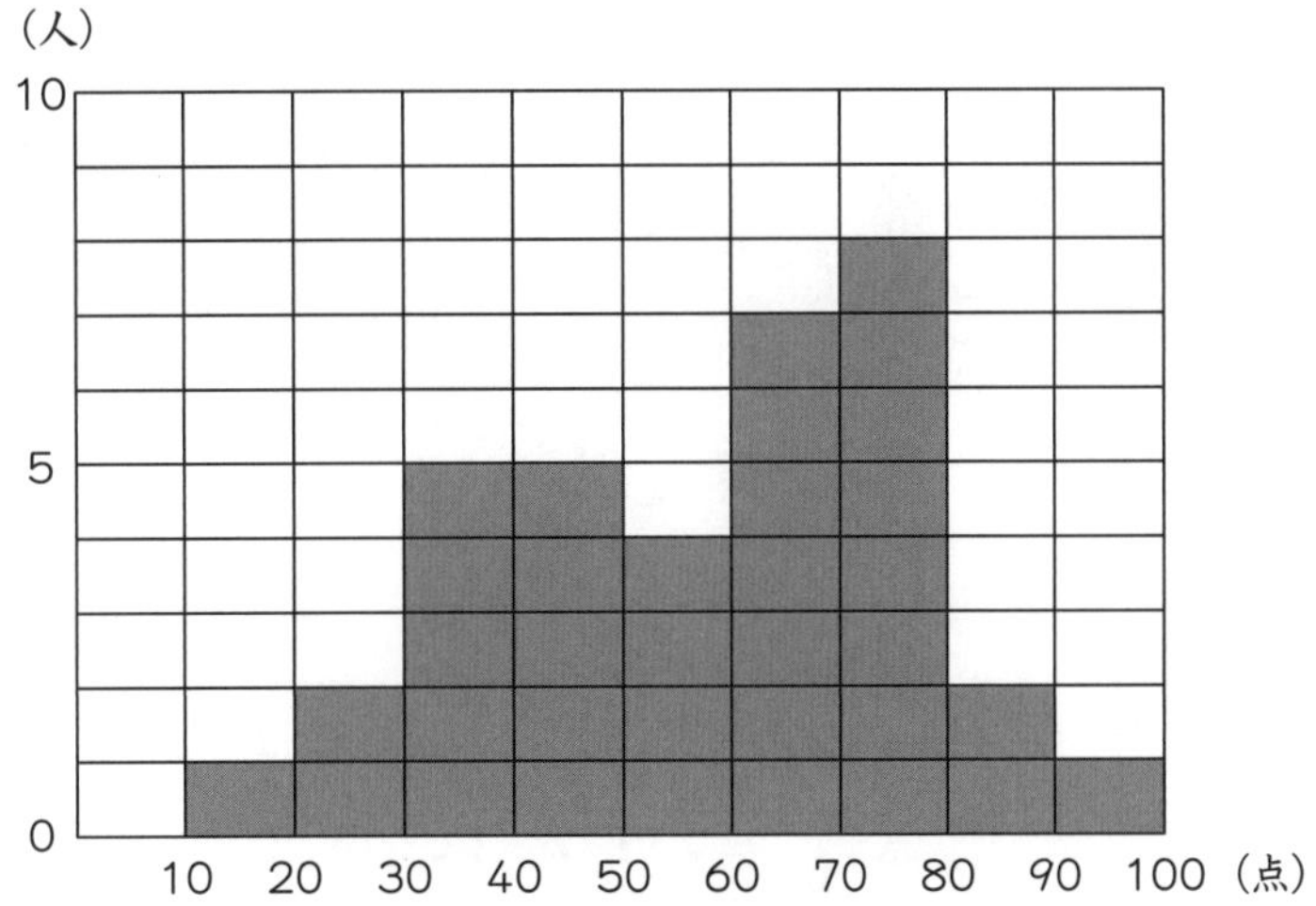

①30点以上40点未満　②40点以上50点未満

③50点以上60点未満　④60点以上70点未満

⑤70点以上80点未満

解答 1 $\frac{1}{6}$ 2 ④

●東京都小金井市梶野町４-８-１
●0422-37-6441
●JR中央線「東小金井駅」徒歩５分
●https://www.dendai.ed.jp/

【学校説明会】要予約
10月８日（土）
11月12日（土）
12月３日（土）
すべて14：00～15：30

東京都 ● 共学校

三《み》田《た》国《こく》際《さい》学《がく》園《えん》高等学校

１９０２年の戸板裁縫学校の創立、１９１６年の三田高等女学校の創設を経て、２０１５年に前身の戸板女子高等学校から共学化、改称した三田国際学園高等学校。世界標準の国際教育とハイレベルなサイエンス教育を軸に、世界に貢献できる「発想の自由人」を育てています。今回は、副校長の今井誠先生と国際教育の責任者であり教頭の楢島知哉先生にお話を伺いました。

「発想の自由人」を育てる

本校のルーツである三田高等女学校は、「時代の先端を行く実学を提供する学校」を理念としてスタートしました。学校改革にあたって、その理念への原点回帰を表す「三田」とこの先の１００年を見据えた「国際」という名称を取り入れました。

校名変更当初から、これからのグローバル社会で活躍し得る資質を備えた人材を育てるため、大学進学に固執せず、「発想の自由人」を育てるというコンセプトで学校づくりを行ってきました。

基礎学力を身につけることはもちろん大切ですが、本校が最も力を入れているのは新たな考えの創造です。２０２２年度からはこれまでの教育成果を基にして、生徒たちの力をさらに伸ばす新たなコース・カリキュラムで可能性を広げていきます。

教室にあふれるダイバーシティとグローバルな進路

様々な価値観やバックグラウンドを持つ生徒を多く受け入れており、現在、学年の約3分の1程度が帰国生や国際生となっています。髪の色も国籍も宗教も異なる生徒が各学年に在籍し、他人と違うことが当たり前の環境です。

周りの目を気にせず、自分を表現して輝くことができますし、そのような生徒たちと多様性を尊重し合い交流することで、言語的、文化的なギャップも乗り越えやすくなります。

さらに、英語のネイティブスピーカーである International Teacher（ＩＴ）が29名在籍しています。日本人教員と同じくフルタイムで働き、担任や副担任としてあらゆる場面で学習指導に関わります。海外生活が長く日本語に不安がある生徒も、英語でコミュニケーションがとれる環境となっています。

２０２１年度からは西オーストラリア州教育省と連携してデュアル

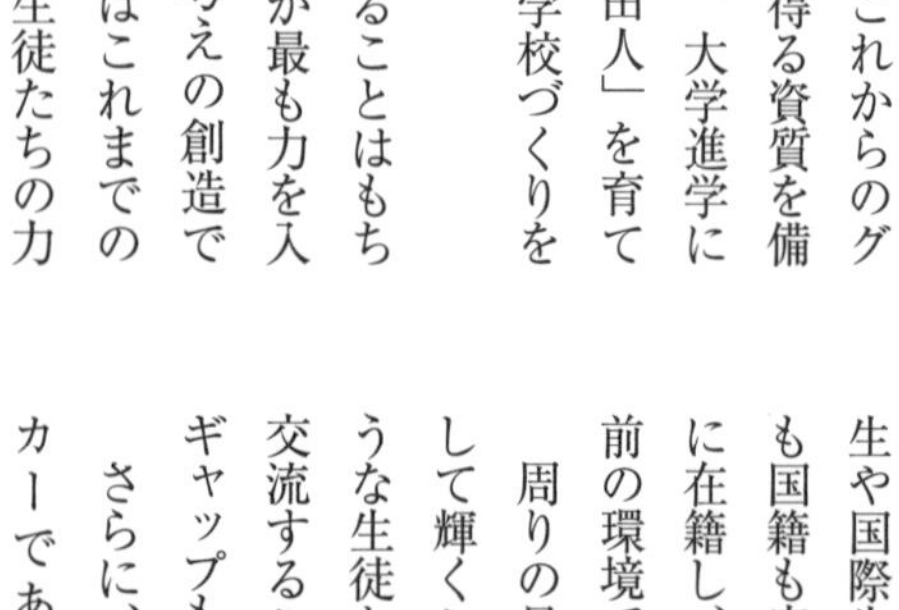
相互通行型授業で学びのサイクルを回し続ける

副校長
今井《いまい》 誠《まこと》 先生

教頭
楢島《ならしま》 知哉《ともや》 先生

ディプロマプログラム（DDP）を開始しました。2つのカリキュラムを修めることで日本とオーストラリアの高校卒業資格が得られます。

オーストラリアのカリキュラムは記述式の試験が多く、知識だけではなく思考力が評価されます。タフで厳しいプログラムですが、本校のIT教員の質の高さによって実現できました。

本校の教育方針とも合致し、海外大学への進学が有利になります。進路指導で幅広くグローバルな選択肢を挙げることができるのが本校の特徴の1つだと言えます。

充実した研究環境で行う 本質的なサイエンス教育

本校の学びは、ただ正解を教えられることを待つものではありません。課題の発見、情報収集と分析、解決方法の構築、表現という科学的アプローチのサイクルを回すことで「自律した学習者」へ成長していきます。

博士号を持つ教員が現在は5名在籍し、校内には大学の研究室レベルの機器を備えた3つの「サイエンスラボ」と高度な無菌操作が可能な「カルチャーラボ」を備えています。

校舎内にはWi-Fiが完備され、生徒は1人1台タブレット端末やノートパソコンを持っていますので、教室でもラボでもICTを活用できます。

昼休みや放課後にも研究活動が盛んに行われ、新種の抗生物質の株を発見したり、大学や企業と共同で研究開発を行ったりすることもあります。研究成果を進学につなげている生徒もいて、この先の生徒たちの活躍が非常に楽しみです。

自分を表現できる 最高の環境

国際生入試では英語の筆記試験と面接試験で4技能を測ります。英検準1級程度の英語力を想定していますが、単純に英語力が高ければよいというわけではありません。

試験には理数的な問題や歴史や文学に関する文章も含まれますから、思考力や論理性、探究的なマインドも必要です。日頃からいろいろなジャンルの英語に触れ、課題や問題点を発見し、問いを立て分析することで、自分の思考をめぐらせる訓練をしてほしいです。

本校は、自分の能力を高め、自分を表現できる学校です。インターナショナルスクールと日本の学校のハイブリッドのような最高の環境が待っています。

スクールインフォメーション

所在地：東京都世田谷区用賀2-16-1
アクセス：東急田園都市線「用賀駅」徒歩5分
TEL：03-3700-2183
URL：https://www.mita-is.ed.jp/

2022年3月　おもな合格実績

東北大…1名／北海道大…1名／九州大…1名／大阪大…1名／筑波大…2名／東京外国語大…2名／早稲田大…16名／慶應義塾大…15名／上智大…12名／G-MARCH…88名
University of Toronto／University of Illinois, Urbana-Champaign／University of Warwick／University of Minnesota Twin Cities／University of Washington／University of Southern California／University of British Columbia／University of California, Davis／University of Michigan

中学生の未来のために！

大学入試ここがポイント

みなさんはこれから高校受験に向かいますが、高校を選ぶとき大学進学までを見通して選択した方が、そののちがスムースに進みやすくなるといわれています。３年後に迎える大学選択時に、すでに選んでいる走路がそこに向かって伸びているわけですからね。このページで、そのとき迎える大学入試の姿を、いまのうちから少しずつとらえていきましょう。

NEWS

「大学入学共通テスト」と私立大学入試の関係を知ろう

共通テストの難化は私立大学入試にも影響した

前回のこのコーナーでは、1月に実施された大学入学共通テスト（以下、共通テスト）での出題が難化していたことに触れました。

この共通テストは、前身の大学入試センター試験（以下、センター試験）が改められて行われたもので、2021年1月に初実施されてから2回目でした。

その結果、受験生のスコアをみると初実施の前年と比べて、平均点が下がった科目が多く、難化がめだつことになったのです。

入試制度の変更や学習指導要領の改正が行われた直後のセンター試験は、これまでも易化《えきか》し、その反動からか2年目は難化することが多かったのですが、それにしても過去になく難しくなっていたのです。

1990年1月に前身のセンター試験が行われるようになってからをみても、過去最低の平均点となった科目が、理系の科目を中心にかなりめだちました。

私立大学の入試にも採用される共通テスト

ところで、この共通テストはなんのために行われているか、知っていますか。

中学生に聞いてみると、「国公立大学の入試」とか「国公立大学の一次試験」という答えが多く返ってきました。

もちろん、それも間違いではありません。確かに国公立大学を受験しようとすれば、共通テスト受験は避けられませんし、国公立大学の一次試験が共通テストの役目であり、その後、二次試験として各大学の個別試験を受けることにもなります。

じつは、もっと知っておいてほしいのは、共通テストは私立大学受験でも大きな役割を果たしているということなのです。

私立大学の入試方式は多岐にわたります。そのなかでも利用のしやすさで人気なのが「共通テスト利用方式」です。私立大学は共通テストを主管する大学入試センターに申し込み、受験生のスコアを手に入れることができます。

50万人ほどが受験する共通テストの運営には莫大な費用がかかります。私立大学が利用することによって大学入試センターは、私立大学にも費用を分担してもらうことができるわけです。

私立大学は、共通テストを一次試験とみなせば入試問題作成負担が減り、試験問題は二次試験にあたる個別試験（独自試験）のみを作成すればよいことになります。

また近年多くなっているのが、完全に共通テスト利用のみの私立大学入試です。大学入試センターから送られてくるスコアのみで合否

共通テストに新設される情報が重要科目に

を判断するのです。

これらは受験生側にもメリットがあります。まず、その私立大学が用意した会場に足を運ばなくても受験できます。ですから全国各地の私立大学を、地元の共通テスト会場で受験すればよいわけです。しかもいくつかの大学を1回の試験で同時に受験することが可能です。

この「三方《さんぼう》よし」のため、共通テスト利用方式は受験生の人気を集め、参加する大学が大きく増えました。いま首都圏では慶應義塾大学、学習院大学などを除く、ほとんどの大学が共通テスト利用方式を採用しています。

今年の私立大受験生は一般方式に流れたか

では、極端に難化した今年の共通テスト結果は、私立大学入試にどのように影響したのでしょうか。冒頭で触れた通り、難化は理系科目に顕著で、とくに数学Ⅰ・Aでは前年より20点近く、数学Ⅱ・Bでも17点近く平均点が下がりました。このことが共通テスト利用方式を採用していた大学の受験生に影響を与えました。

つまり、共通テストでの数学のスコアに自信が持てなかった受験生が、共通テスト利用方式での結果に不安を抱いたため、加えて一般入試も受験するように変更した形跡がうかがえます。

このことで、来年度以降、共通テスト利用入試の人気が陰ることにはならないと思いますが、ある科目が極端に難化した場合、一般入試へとシフトする受験生が増える可能性があることは覚えておきたいものです。

東京大「情報」受験求める国立大は追随する可能性

話は変わりますが、本誌締め切り直前に、東京大学が２０２５年1月の共通テストで同大の全受験生に「情報」の受験を課すことを決め、発表しました。

この春の高校1年生から高校の必修科目となった「情報Ⅰ」に対応して２０２５年1月の共通テストから「情報」が出題されることが決まっています。

高校で学ばれる情報Ⅰには、これまでと違ってプログラミングが含まれることになりました。

ですから、プログラミングの学びは、現在の中学生すべてに関係します。

東京大学の決定に則して、他の国立大学も追随する可能性は大です。また私立大学も国立大学併願者向けに「情報」を選択科目に加えるところも出てくるでしょう。

◇

なお、本誌ではわかりやすさを追究する新連載『らくらくプログラミング』を開始しています（80ページ）。

東大入試突破への現代文の習慣

東大入試を突破するためには特別な学習が必要？　そんなことはありません。身近な言葉を正しく理解し、その言葉をきっかけに考えを深めていくことが大切です。田中先生が、少しオトナの四字熟語・言い回しをわかりやすく解説します。

早稲田アカデミー教務企画顧問

田中としかね

東京大学文学部卒業
東京大学大学院人文科学研究科修士課程修了
専攻：教育社会学
著書に『中学入試 日本の歴史』『東大脳さんすうドリル』など多数。文京区議会議員、第48代文京区議会議長。文教委員長・議会運営委員長・建設委員長を歴任。

田中先生の「今月のひと言」

「頼りにされる」ことによって力を発揮するのが、人なのです

今月のオトナの言い回し

惻隠の情

今回皆さんに紹介する言葉は「惻隠の情」です。何やら難しそうですね。「そくいんのじょう」と読みます。「相手のことを思いやる気持ち」を意味しています。「惻」という漢字が見慣れないですよね。でも部首である「りっしんべん」に表されているように、「心を測る」＝「相手の心を推し量る」ことを意味しています。「隠」については、「かくす」という意味のほかに、「慇《いん》」と同じく「相手をいたむ」という意味があります。ですから「惻隠」という熟語で「相手に寄り添って心配する」という内容になるのですね。

「惻隠の情」という言い回しには出典があります。中国の古典『孟子《もうし》』です。孟子は中国の思想家で、その言葉や行いをまとめた書物が『孟子』になります。今からおよそ2300年前、紀元前4～3世紀、中国の戦国時代にあたりますよ。『孟子』には次のような一節が登場します。「井戸に落ちそうになった子どもを見たら、思わず手を出して助けようと思う」と。この気持ちを「惻隠の心」と表現したのでした。相手の立場になって同情するという「人間らしい」感情の一つとされています。この「人間らしさ」を突き詰めて、孟子は「性善説《せいぜんせつ》」を唱えました。ここでいう「性」とは「天から与えられた人の本質」を意味しています。また「善」とは「道徳的に正しいこと」という意味です。で

すから「性善説」というのは「人は本来、善である」ということになります。危険にさらされた幼子を見るに見かねて助けようとする気持ちを、人間なら誰しも持ち合わせているという考えです。ですがここで少し注意が必要ですね。「性善説」をあまりに素朴に理解してしまうと、「人間は存在そのものが善である」という楽観的な解釈になってしまうのです。「何もしなくても立派である」と。孟子の教えは違います。「善は絶えざる努力によって開花され」そしてその結果「立派な人間になれる」というものなのです。「惻隠の情」は、いわば「種」のようなものであり、「開花」させるためには努力も必要になるということです。孟子はこれを「惻隠の心は仁《じん》の端《たん》なり」と表現しました。「仁」というのは「人を思いやる気持ち」のことで、道徳的に人として正しい生き方を示す言葉になります。人間が生まれつき持っている「惻隠の情」からスタートして、完成形である「仁」を目指して努力すること。自然の心の延長線上に徳はあるのだから、「人間ならばできるはず」というのが「性善説」の持つ意味なのですよ。

さてこの「惻隠の情」について、「これは人類学的真理なんです」と解釈するのが思想家の内田樹先生です。あまりなじみのない「人類学」という言葉が出てきました。「経済学」や「物理学」ならば知っていますよね。「経済学」を「経済についての学問」と考えればわかるように、「人類学」も同じように「人類についての学問」ということなのでしょうか？　その通りです！　東京大学にも「人類学研究室」があります。研究室のホームページには「人類学とは」というタイトルで次のような紹介が載せられていますよ。「ヒトは、大きな脳を持ち、二足で歩き、言語で互いに意思疎通を行い、自らの生息環境を脅かすまでに文明を発達させた、極めて特異な生物です。『人類学』とは、このヒトという特異な生物が、なぜ、どのように誕生し、どのような生物学的特徴を持った存在であるのかを、科学的に明らかにしようとする学問です。ただし、ヒトは『文化』を持っている点でほかの動物と本質的に異なっています。このため現在の人類学は、便宜上ヒトの生物的特質を研究対象とする『自然人類学』と、文化的特質を研究対象とする『文化人類学』に分かれています。」ここでぜひ皆さんに覚えておいてほしいのが、この「文化人類学」という学問です。人類の文化的側面を研究する学問ですね。文化によって異なって見える「生活様式・言語・習慣・ものの考え方」などを比較研究して、そこに人類共通の法則性を見い出そうとするものだと理解してください。世界には多様な文化と社会が存在します。そんな「異文化」を俯瞰して、「人類」という大きなスケールで「社会とは？」「文化とは？」そして「人間とは何か？」を考えることが文化人類学なのです。「現代文」の重要なテーマの一つになりますよ。

話を元に戻して、「惻隠の情」が「人類学的真理」だという話です。内田先生は著書『複雑化の教育論』の中で、「人間は他者からの支援要請を聴き取った時に主体として立ち上がる」とおっしゃっています。どういうことでしょうか？　「支援要請」というのは、「手をかしてほしい」ということで、もっと端的にいうと「助けて！」というメッセージです。それを受け取った人が「助けなければ」という気持ちになるこ

とが「惻隠の情」です。「主体として立ち上がる」というのは、「あなたがいてくれてよかった！」という強力なメッセージが届くことで、「ほかでもないあなた」が承認されるということです。このことは、人は「頼りにされている」という場面で本来の力を発揮できる、ということでもあります。身近な例をあげると、「頼んだぞ！」とバトンを渡されたリレーのアンカーが、自己ベストを更新してトラックを走り抜ける、といったケースです。これも「人間とはどういう生き物か？」を考察する人類学的な研究の対象になるのですよ。

今月のオトナの四字熟語

懸念材料

「けねんざいりょう」と読みます。ビジネスのシーンではよく使われますよ。「円安が懸念材料として大きく浮上してきた」などという用法ですね。好ましくない結果になることを予測させる何か、という意味になります。円安によってこれから株価が下落するかもしれないと心配している様子をイメージしてください。今ある問題ではなく、将来起こるかもしれない出来事に対する不安ですね。

「懸念」という熟語を考えてみましょう。「懸」は「懸ける」と訓読みをするように「ひっかかる」という意味があります。「念」は「心の中にある思い」という意味ですよね。二つの漢字が合わさって「心の中にあるものがひっかかる」ことを表し「心配する」という意味になるのです。

「材料」については、「もとになるもの」という意味ですが、「料理の材料」などのように「ものを作るときに用いるもの」という意味と、「判断の材料」などのように「裏づけとなる証拠」という意味でも使います。ここでの「材料」は「判断の元となるもの」ですね。「懸念材料」という四字熟語で、「心配を引き起こす判断の元となるもの」になるのです。

定期テストを直前に控えた中学生の「懸念材料」とはなんでしょうか。「好ましくない結果になることを予測させる何か」ですよ。「テストに対する準備が足りなかった！」という事実でしょうか。でも「もっと勉強すればよかった！」という後悔から不安を感じるだけでは、結局何度も同じ失敗を繰り返してしまいます。しっかりと「材料」を確認しましょう。不安を感じたテストの後が大切になるのです。次のテストで同じことを繰り返さないために何を準備すべきなのか。できるだけ具体的に「材料」を洗い出すことです。「難しいと後回しにした数学の問題が、結局できないままだった」「社会の用語が漢字で書けるようになっていなかった」「理科の化学式をうろ覚えのままにしていた」などなど。「懸念材料」をしっかりと活用することで不安が減少し、自信を持ってテストを受けられるようになるでしょう。

早稲田アカデミー大学受験部の授業には、「生徒自身」「講師」「仲間」が集う三位一体の学習空間があります。
また、目指すゴールが違えば、そこに至るまでの道も違います。
志望校や習熟度に合わせた細かなクラス編成で密度の高い指導を行うとともに、
授業を担当する講師が学習の進捗や定着度を把握し、目標達成まで「やり切る」ためのサポートをさせていただきます。

学びのシステム

講師による学習管理

早稲田アカデミーの授業では、新しい単元は講師が丁寧な「導入」を行います。大量の予習が課されることはありません。生徒が理解したことを確認して「問題演習」に入り、演習の後はしっかり解説。その日の学習内容を振り返ります。

また、毎回の授業で「確認テスト」を実施し、前回授業の定着度を測ります。理解を確かめながら“スモールステップ”で学習を進めるので、着実に力を伸ばすことができます。弱点が見つかった場合は、必要に応じて講師が個別に学習指導。「わからない」を後に残しません。

丁寧な導入
講師による丁寧な「導入」で理解を深め、「問題演習」へ進みます。

↓

担当講師による課題チェック
家庭学習や課題の取り組み状況も確認します。

↓

毎回の授業で行う確認テスト
確認テストで前回までの授業内容の理解度・定着度を測ります。

↓

弱点を克服するための指導
テストなどの状況によっては個別の課題を課し、弱点を克服します。

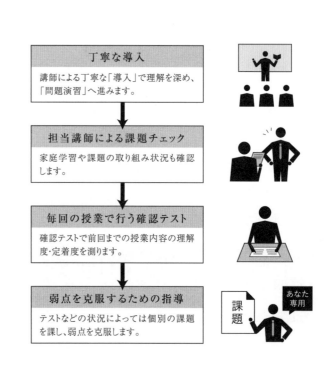

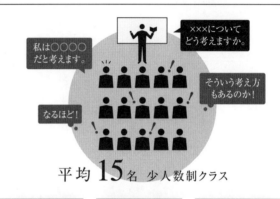

東大生リトのとリトめのない話

リト流・勉強と部活動の「両立のコツ」教えます

試合や試験を考慮して力の入れ方を工夫する

新学期がスタートしてから1カ月が経ち、みなさん、そろそろ新しいクラスに慣れてきたころだと思います。この時期、中間テストがあったり、夏に部活動の引退を控える中3生にとっては、いっそう練習に力が入ってきたりと、忙しい日々を送っている方も多いのではないでしょうか？　今回は勉強と部活動の両立に悩むみなさんに向けたアドバイスをお届けします。

勉強と部活動、どちらも頑張りたいのに、疲れてなかなか勉強が手につかないといった悩みを抱えている方はいませんか？　じつは私自身、水泳の練習で疲れてしまって、勉強をしようと思っても、思うように机に向かえない時期がありました。

そんなときに自分を奮い立たせることができたのは「いい成績を取りたい」という気持ちです。いい成績を取ると嬉しくなって、それが「次も頑張ろう」というモチベーションになったんです。そして、「いい成績を取ろう」と決めて頑張ることが、いまでも机に向かうモチベーションにもなっています。

その気持ちを胸に、両立に向けて自分なりに工夫して編み出したのが、「力を入れる配分を考える」ことです。例えば、試合が近いときは部活動の方に、試験が近いときは勉強の方により力を入れるという形です。

なぜこの形をとったかというと、人間はマルチタスク（複数の作業を同時並行、または短期間で切り替えながら同時進行で行うこと）によって、かえって集中力が下がることを知ったからです。

アメリカ・カリフォルニア大学アーバイン校のGloria Mark氏の研究による

リトのプロフィール

東大文科三類から工学部システム創成学科Cコースに進学（いわゆる理転）をする東大男子。プログラミングに加え、アニメ鑑賞と温泉が趣味。

高校時代に使っていた単語帳と水泳のゴーグル

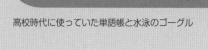

と、「いったん仕事を中断すると、仕事のリズムを取り戻すまでに平均で23分の時間が必要」なんだそう。そこで勉強と部活動をずっと同じくらいの力で頑張るよりも、どうしても成果を出したいときは、どちらかに集中して取り組んだ方が効率的、かつ効果的に力を伸ばせると考えました。

　気をつけてほしいポイントは、受験期を除き、どちらか片方だけに注力する期間を長くとりすぎないようにする、ということです。

　習慣というのは恐ろしいもので、なにかを習慣にするためには多くの時間をかけなければいけないのに、いったんその習慣を絶ってしまうと、またたく間にその習慣はなくなってしまいます。そしてもう一度習慣化するためには、またかなりの時間を要することになります。

　つまり、部活動に力を入れすぎて勉強する習慣がなくなってしまうと、その習慣を取り戻すのに、時間も労力もかなり必要になってしまうんです。逆も然りです。

　力を注ぐ割合を適宜変更することは大切ですが、片方にまったく触れなくなるのは避けましょう。とくに勉強は部活動と比べると、どうしても気が進まないことが多いと思うので、そこをぐっとこらえて、ぜひ少しずつでもいいので続けてみてください。

　また、試験期間はほとんどの部活動が休みになります。運動部の人はその期間、体力が維持できるか不安に思うかもしれませんが、学校からの帰り道、いつもより早く歩いたり、いっそ走ったりすれば、体力も落ちないのでおすすめです。

机に向かうために あえて「中途半端」に!?

　さて、なかには勉強する習慣を身につけたくても、なかなか身につけられない方もいるかもしれません。そんな方はいきなり1時間を勉強しようとするのではなく、5分でもいいので、「毎日勉強すること」をまずは1週間試してみてください。

　私はカバンや本棚からテキストを取り出して、それらを開き、さあ勉強するぞ、というスタート地点に立つまでが一番ハードルが高いと感じていました。そこで実践してみたのが、テキストをあらかじめ机の上に開いた状態で登校し、帰宅後すぐに少しだけ問題に取り組むという方法です。

　テキストを開いたままにしておくと、帰ってきてから、スマートフォンさえ触らなければイスに座ってすぐに勉強を開始できます。

　筆記用具もそのまま置いておいたり、あえて中途半端なところで勉強をやめて、次の日はその途中から始めたりするのもいいでしょう。「ゼロ」からスタートするよりも、勉強に対するハードルがグッと下がります。

　最後に、みなさんにお伝えしたいのは「睡眠を疎かにしないように」ということです。メンタルや体調を維持するためにも十分な睡眠時間をとることは大切です。

　また、布団のなかに入ってからスマホを見すぎていると眠りづらくなってしまうので、気をつけたいですね。

キャンパスデイズ 十人十色

中央大学

理工学部　4年生

高取《たかとり》 祐希《ゆき》さん

幅広い内容の座学と実験で化学的知見を養う

Q 中央大学理工学部を志望した理由はなんですか？

もともと数学や理科が好きで、理系学部に進もうと考えていました。そこで、自宅からの通いやすさや、設備環境のよさから中央大学の理工学部を志望したんです。

中央大学の理工学部には10の学科があり、様々な分野を学べるのが特徴です。私が所属している応用化学科は、理科に関する幅広い事象を、化学的な観点から研究していきます。高校時代は理科のなかで化学が一番好きだったこともあり、大学に入ってからも専門的に勉強したいと思って選びました。

Q 応用化学とはどんな学問ですか？

理系のなかでも化学分野は実験が多いのが特徴なんです。身近な物質を扱ったものから、目には見えない物質を分析するものまで、日々、色々な実験に取り組んでいます。

さらに「応用化学」の特色は、その名の通り、化学を応用して社会に貢献しようとする研究が多いこと。新薬の開発や新たな物質の実用化など、生活に役立てることを目的とした研究が数多く行われています。

Q 各学年ではどんなことを学んでいますか？

1〜2年生では、化学だけでなく理系分野の知識を幅広く身につけていきます。ほとんどが必修科目に設定されていますが、なかには自分の興味関心に沿って選べる教養科目などもあります。3年生からは自分の専攻に合わせてより専門的な内容を学習し、4年生からは研究室で自身の研究を進めていくという流れです。

私は有機合成化学（※）という分

※元素単体または簡単な化合物から有機物を合成する化学分野

化学の力を社会に役立てる
応用化学分野での学び

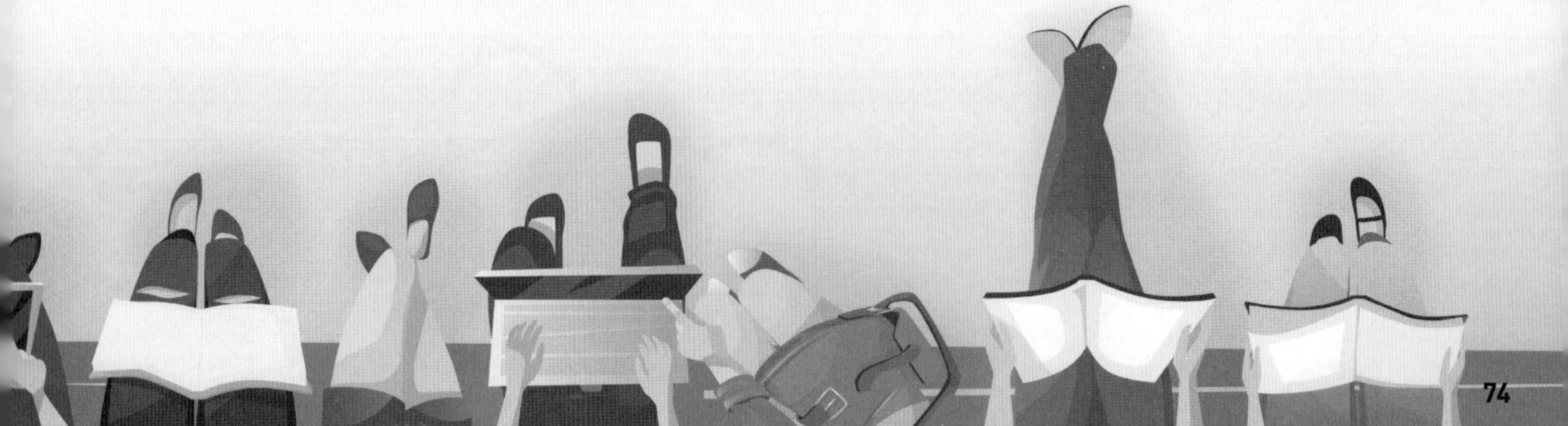

野に進み、現在は海洋生物から採取できる天然物（生物が生み出す物質のこと）を扱う研究室に所属しています。天然物の仕組みを分析してどんな機能があるかを調べたり、人工的に再現する方法を見つけたりする予定です。

Q 印象に残っている講義はなんですか？

3年生で受けた「構造化学」という講義です。これまで習ってきた化学的な知識が、実生活にどのような形で活きているかを知ることができて、興味深いものでした。例えば、ライブ演出などに使われるレーザー光は、普段私たちが利用している照明とは光の見え方が異なりますよね。この違いを分子の電子構造から勉強し、目には見えないレベルでどんなことが起こっているかを学びました。

ただし、課題がかなり難しくて苦戦した講義でもあります。中高時代のように正解が決まっている問題を解くのではなく、「どうしたらこの答えを導き出せるかを考えなさい」という課題を出されることが多いんです。必要な情報を自分で調べて、調べたことを理解したうえで応用して考えていかなければならないので、とても大変でした。しかしその分、納得のいく答えが出せた際には大きな達成感がありました。

ほかにも、同じく3年生で受講した「産業財産権法」は、いつもとは違う観点から化学について考えることができたので印象に残っています。この講義は「産業財産権」という、特許権や商標権について学ぶものです。社会に出てから、研究したものをビジネスとして活かすための流れなどを知ることができます。「どのようなものが特許として認定されるか」など、研究者として知っておいて損はない知識だと感じました。

Q 今後の進路について教えてください。

応用化学科では、大学院に進学するかどうかを決めてから研究室を選ぶことになっており、私は進学を前提に現在の研究室に入りました。学科全体では半数程度の学生が大学院に進みます。

今後は研究に励み、大学院卒業後は化学系の企業に就職したいと考えています。とくに、現在は香料に興味を持っているので、関連する仕事ができればと思います。

Q 読者にメッセージをお願いします。

中高時代は学校の勉強に限らず、色々なことに興味を持って、楽しみながら学んでほしいです。たとえ楽しめないことがあっても、頑張って向きあえば将来どこかで力になることもあると思うので、何事にも本気で取り組んでみてください。

TOPICS

得手不得手に合わせて効果的な受験勉強を

中学時代は学校の日々の宿題や定期テストの勉強にコツコツ取り組むようにしていました。とくに、得意な数学や理科で基礎問題を大切にして、仕組みを理解するようにしていたのは効果的だったと思います。「なぜこうなるのか？」を知っていれば、一度忘れてもすぐに思い出しやすくなります。

一方、高校時代はとにかく英語が苦手だったので、大学受験に向けて塾で少しずつ対策をしました。苦手な科目は、勉強した結果が点数に表れるまで時間がかかることもあります。それを考慮して、早くから受験勉強に取りかかることをおすすめします。そこで自分に合った勉強法を身につければ、大学に入ってからも必ず役に立ちますよ。

大学の講義で紅茶からカフェインを抽出する実験を実施。フラスコの内側にこびりついている固体がカフェインなんだとか。

大学受験時に取り組んだ英語の問題集の数々。英語力が伸びたのはもちろん、達成感も得られたといいます。

アメリカ旅行に行った際の様子。「受験勉強とは違う、生きた英語に触れられて、いい経験になりました」（高取さん）

埼玉私学フェア2022

個別相談で自分の最適受験校を探す

事前予約制（予定）

※日程および内容は変更されることがあります。詳しくは埼玉県私立中学高等学校協会HPでご確認ください。

熊谷展 2日間開催

7月30日㊏ 31日㊐

会場：キングアンバサダーホテル熊谷　3階 プリンス・プリンセス

川越展 2日間開催

8月20日㊏ 21日㊐

会場：ウェスタ川越　1階　多目的ホール

当協会HP QRコード

大宮展 2日間開催

8月27日㊏ 28日㊐

会場：大宮ソニックシティ　第1～5展示場

埼玉県内私立高校 ※は中学校を併設

（参加校は会場によって異なります。ホームページでご確認ください）

青山学院大学系属	春日部共栄※	淑徳与野※	東野
浦和ルーテル学院※	川越東	城西大学付属川越※	武南※
秋草学園	慶應義塾志木	正智深谷	星野※
浦和明の星女子※	国際学院※	昌平※	細田学園※
浦和学院	埼玉栄※	城北埼玉※	本庄第一※
浦和実業学園※	埼玉平成※	西武学園文理※	本庄東※
浦和麗明	栄北	西武台※	武蔵越生
叡明	栄東※	聖望学園※	武蔵野音楽大学附属
大川学園	狭山ヶ丘※	東京成徳大学深谷※	武蔵野星城
大妻嵐山※	志学会	東京農業大学第三※	山村学園
大宮開成※	自由の森学園※	東邦音楽大学附属東邦第二	山村国際
開智※	秀明※	獨協埼玉※	立教新座※
開智未来※	秀明英光	花咲徳栄	早稲田大学本庄高等学院

ちょっと得する

読むサプリメント

ここからは、勉強に疲れた脳に、ちょっとひと休みしてもらうサプリメントのページです。
ですから、勉強の合間にリラックスして読んでほしい。
このページの内容が頭の片隅に残っていれば、もしかすると時事問題や、
数学・理科の考え方で、ヒントになるかもしれません。

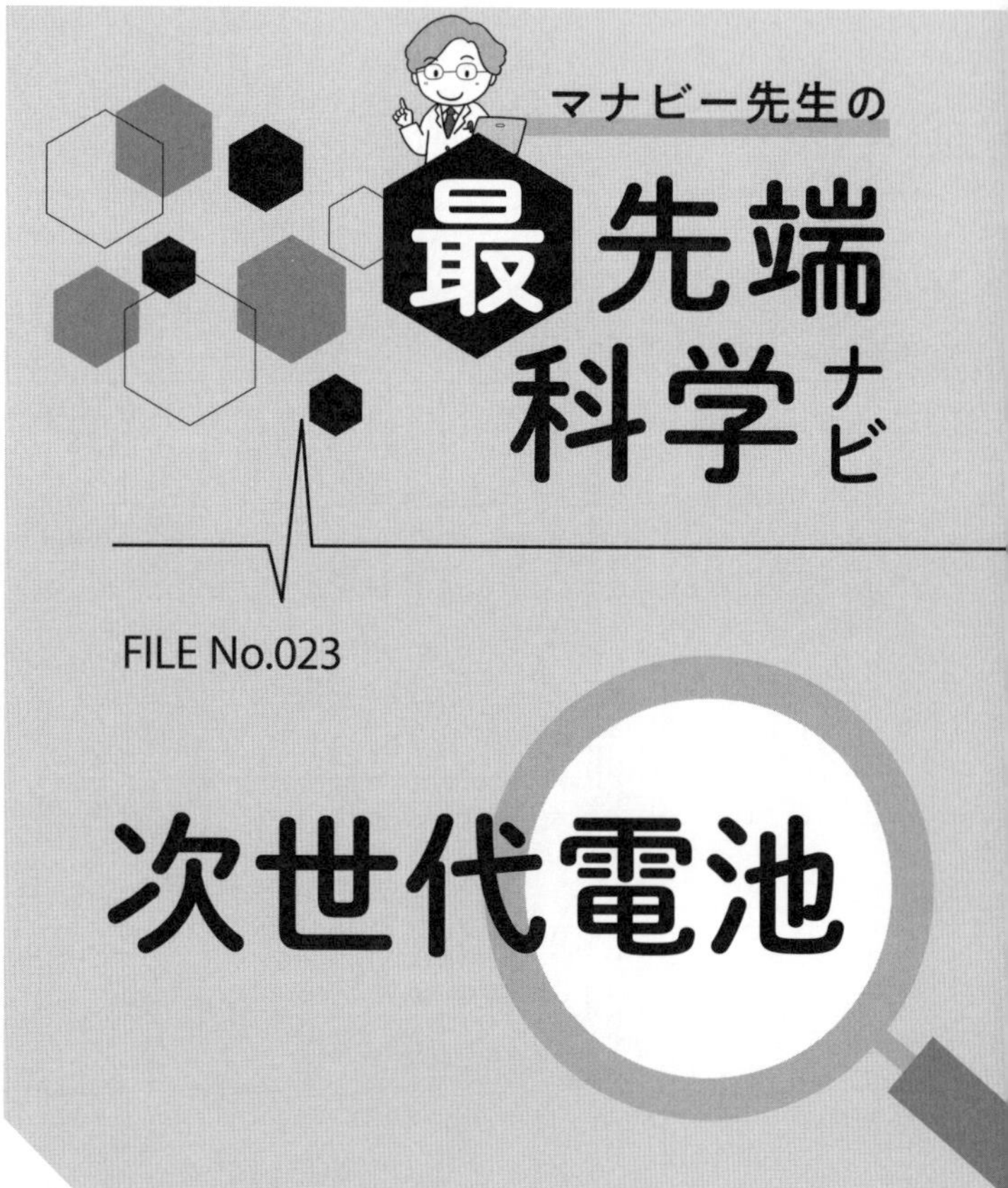
マナビー先生の
最先端科学ナビ
FILE No.023
次世代電池

もっと長く、もっと軽く電池の研究と開発は続く

色々な道具や器具が電気で動いている。そのなかでも持ち運びできる電気器具やロボットが、いつ、どこででも活躍できるためには、よい電池が必要になるよね。

昔は蓄電池と呼ばれていた電池、いまではバッテリーとも呼ばれるよ。

現在でも、携帯できて長く動作を続けられる、容量が大きくて安全な電池が「もっと長く、もっと軽く」と求められているんだ。

だけど、そもそも電池ってどうやって、なにもないところから電気を作り出しているんだろう?

電池はイタリアの科学者ボルタが発明した、と理科の授業で習ったと思う。1800年というから200年以上も前だ。そんな昔から電池はあったんだね。実際に使われるようになったのはボルタが発明してからだけれど、メッキをするための方法の1つとして電池の原理の元になった方法は、なんと2000年も前からあったんだそうだ。

ボルタは銅と錫と食塩を使った電池を発明した。理科の授業で習ったのはプラスの極とマイナスの極に違った金属を用い、両極の間に電解液という液体がある装置。金属から溶け出したイオンが、この電解質という通り道を流れることで電気を起こす仕組みだった。

ボルタの発明以降、電池に使われる金属や電解質の研究が進んで、より大きな電力を得ることができる電池がどんどん発明されていったんだ。

世界の技術者たちが開発競争をしているなかで、吉野彰さんをはじめとした3人の科学者が、いまスマートフォンなどに多く使われているリチウムイオン電池を研究・開発した。充電して繰り返し使える優れものだ。

リチウムを安全に電極として使えるようにしたことでノーベル賞も授賞した。まだ記憶に新しいことだね。

彼らの研究のおかげでエネルギー※密度が高く安全な電池が製造できるようになり、携帯電話や、電気自動車の実用化に大きな貢献をしたんだ。

こうして広く使われるようになってきたリチウムイオン電池だけれど、まだまだ問題も多い。リチウムという金属が高価なこともあるけれど、電解質が漏れ出して電池の発火の原因となったりする。だから研究は終わらず、改良が続いているんだ。

ナトリウムの利用で安定的な生産の道開く

リチウムに変わるものとして東京理科大学などの研究で、いまナトリウムイオン電池が開発の途上だ。リチウムに比べてエネルギー密度が低いことが欠点だったナトリウムイオン電池だけれど、この研究では、常

マナビー先生

大学を卒業後、海外で研究者として働いていたが、和食が恋しくなり帰国。しかし科学に関する本を読んでいると食事をすることすら忘れてしまうという、自他ともに認める"科学オタク"。

※エネルギー密度：小さく、軽い電池から大量のエネルギーを引き出せるものをエネルギー密度が高いという。

識を打ち破るレベルのエネルギー密度を持つ負極の材料開発に成功したんだ。これにより高価なリチウムを使わず、安価なナトリウムを使った電池開発の可能性が広がった。

リチウムの産地はオーストラリアやチリなどだけれど、資源の安定供給から考えると、高価な貴金属のリチウムを使わずに安定供給できるナトリウムイオン電池実用化のめどが立ったことはすばらしいことなんだ。日本の技術者たち頑張っているね。

さらに安全で便利な全個体電池開発も急ピッチ

また、電解質の研究も進んでいる。これまでは液体が使われてきた。液体だから電池ケースから漏れ出すアクシデントも起きた。電気自動車に搭載することを考えると、車が事故などで損傷することも考えられるので液漏れは大きな問題だ。

そこで電解質すべての構成物質を固体で作る研究に注目だ。全固体電池なら液漏れの心配がないから、電池を積み重ねることも容易になり、エネルギー密度の高い電池を作ることができる。

また電解質が液体の場合は丈夫なケースが必要だ。するとケースは厚くなり、どうしても重くなる。全固体電池なら液漏れを考えなくていいから液体電池よりコンパクトで軽い電池を作ることができる。

電気自動車では、電池の重さが軽ければ軽いほど有利だ。まだ実用化には少し時間がかかりそうだけれど、全固体電池の分野でも日本の研究は進んでいる。トヨタ自動車は2020年代のうちに全固体電池の実用化をめざすと発表しているよ。

ただ、中国のメーカーが開発競争ではトップを走っているという話もあるので、日本の研究者、技術者には頑張ってもらいたいね。

いずれにしても全個体電池を使った、安全な電気自動車が世界中を走り回る日は、すぐそこまできているのは間違いない。

携帯電話やお掃除ロボット、日曜大工道具などに使われる、充電可能な電池は私たちの日常生活に深く浸透してきた（撮影／本誌）

「歯を磨く」という動作をもう少し細かく分けてみていくよ。

毎日繰り返していることを考えてみよう。1本1本の歯に対して、どのように繰り返して磨いているだろうか。色々な表現ができるはずだ。

【歯を磨くという動作では】

何秒磨いているか？
何回磨いているか？

「磨き終わる」というのは、時間がくるまでなのだろうか？

それとも決まった回数なのだろうか？

また、そのほかに繰り返しの条件はあるのだろうか？

という具合に考える、その構造が「繰り返し構造」だ。

これって、みんなの脳が瞬時に、自然にやっていることなんだけれど、文章にしてみると様々なことを同時に判断していることがわかるよね。

「すすぐ」という動作ではどうだろう。

どうやってすすぎの回数を決めている？ 口のなかが気持ちよくなるまですすいでいないかな？「気持ちよくなるまで」というのが「選択構造」だ

よくあることだよ。コンビニに行って買いものに迷ったことないかな。

どのお菓子を買おうか迷ったことあるよね。このことが「選択構造」なんだ。

どんな順番で作業させるか それがポイント

このように3つの構造でプログラムを作ることができる。色々な行動が3つの構造で表現できるわけだね。作業を3つの構造で表現して、その動作を試してみる。試してみて計画通りに動いたら、3つの動作で表現したことが正しいことがわかるんだ。これらの構造を「制御構造」というよ。

初めはなかなかうまくいかないかもしれないけれど、コンピューターのプログラムを作ってみることで、動作の流れを「構造として表現」する練習ができるんだ。

そして、難しいことも小さな動作に切り分けていき、それを3つの構造で表す練習を積むことで、将来みんながもっと難しい課題に出会ったときにも対応できるようになるといいな、というのが、この連載「らくらくプログラミング」で練習してもらう狙いだ。

このページは 「入試のため」だけじゃない！

今度、大学入試「情報」の科目でプログラミングが出題されるようになるのも、これから必要な学びだからだ。

小学校、中学校、高校での学習で、それぞれ少しずつ勉強していくことになっている。

でも、大学入試にはパソコンを持っていくことはできない。その出題では仮想的なプログラムを作ることになっているから、コンピューターはなくても答えを作ることができるんだ。

ここで大学入試の話が出たけど、そのためだけに読んでほしいわけじゃないよ。

じつはプログラムを作ることってすごく楽しいんだ。自分が考えた通りにコンピューターが動作してくれると、なんかとても嬉しくなるよ。

英語の勉強でも、ネイティブの先生の話していることや、質問内容がわかったとき、嬉しいよね。自分で考えて声に出して話したことが先生に伝わってわかってもらえると、もっと嬉しいハズ。それと同じだ。

先生はいつもそばにはいてくれないとしても、パソコンがあれば好きなときにプログラムを作って試すことができる。プログラムの勉強ではパソコンが先生代わりになって楽しいんだね。最初は思ったようには動かないかもしれない。でも段々難しくないことがわかってくるはずだ。

みんなが「楽しい」ことが 大切なこと

次回から始まる8回のシリーズでは、パソコンがなくても勉強できるようにしていくから安心してほしい。パソコンを持っている人にも、まずはプログラムを作るために必要な環境、道具の使い方から始めるよ。だからコンピューター自体を使うことが初めてというお友だちも大丈夫だ。

毎回の進行に合わせてパソコンの使い方も含めてWeb ページに情報を載せていくからお楽しみに。

みんなが楽しくプログラムの勉強ができるように、あれこれと考えていこうと思っているんだ。

質問もどんどん書いてきてほしい。誌面にもWeb 上にも質問コーナーを作るからね。みんなとコミュニケーションをとりながら進めることを楽しみに待っているよ。

〈つづく〉

for 中学生

らくらくプログラミング

プログラミングトレーナー　あらき はじめ

小学校でのプログラミング教育が始まり話題ですが、じつは中学校でも「技術・家庭」のなかでプログラミングが必修となっています。また 2025 年 1 月の大学入学共通テストの科目に「情報」が加わり、プログラミングでの学びが問われるようになります。そこで本誌でも、「プログラミングとは？」から始める基礎講座をスタートさせることにしました。

あらき はじめ　この春まで大学でプログラミングを教えていた先生。「今度は子どもたちにプログラムの楽しさを伝えたい」と、まだまだ元気にこの講座を開設。

画像：Turn.around.around/ PIXTA

プログラミングは難しくないってば

みんなも毎日インターネットを検索をして、色々な情報を得ていると思う。ニュースなどでDX（Digital Transformation デジタルトランスフォーメーション）なんて言葉を聞くことも多くなってきた。これ“進化したデジタル技術を浸透させることで人々の生活をよりよいものへと変革すること”なんだけど、これからを生きるみんなが、大人になって活躍する未来はどんな生活になっているんだろうね。

でも、人はいっぺんに変わることはできないから、少しずつでも次の時代に合わせた準備が必要になる。そのためにもいま、コンピューター的論理を身につけることが大事だと思うんだ。

じゃあ、コンピューター的な論理、考え方ってなんだろう？

実際にコンピューターなどを使って、なにをどういう順番で作業させるかについてプログラムを作るとき、

- **●順次構造**
- **●繰り返し構造**
- **●選択構造**

この３つの構造を使えば、プログラムをわかりやすく作ることができる。「なんだ！　難しいじゃん」と思ったかな。でも言葉は難しそうだけれど、本当はそんなに難しいことじゃないんだ。例えば、みんなは朝起きたら、歯を磨いているよね。どういう順番で歯磨き粉と歯ブラシを使って歯を磨いてるかな？

次に３つの行動を示すから、君のやっている通りの順番に並べてほしい。

①すすぐ
②磨く
③歯磨き粉をつける

みんな正しく並べかえることができたよね。こうやって順番通りに正しく作業させる構造のことを「順次構造」と呼ぶよ、それだけのこと。難しくはないでしょ。

歯を磨くという作業の順番はすでに知っていたことだけれど、未知のことだったらどうだろう。ちょっととまどってしまうね。

そういう未知の問題に出会ったときはどうするかというと、その問題を小さな問題の集まりだと考えて、順番を決めていくと、わりと簡単にできることが多いんだ。

例えば先ほど並べてもらった

Why? What!

なぜなに科学実験室

「えっ、これどうなってんだ？」とか、「えっ嘘、信じられない！」というような現象を目の当たりにすることは、意外に多いものです。また、日常茶飯の出来事で見慣れているために、見過ごしてしまっている不思議なことも、じつは多くあるのです。

ここは、そんな不思議なことをみなさんに体験してもらうために作られた科学実験室です。

案内役のワンコ先生といっしょに、さあ、実験を開始しましょう。

今回のテーマは「メビウスの輪」です。

ところでみなさんはメビウスの輪って知っていますか？「メビウスの帯」と呼ばれることもあります。とても不思議なことが起こりますよ。

「メビウスの輪」の不思議

「メビウスの輪」は細長い短冊を輪にするとき、イラストのようにつなぎ目を180度ひねってつないだものをいいます。メビウスの輪は、片方の面を触りながら一周しても、また初めに触った部分に戻ってきます。つまり、表と裏がないのです。

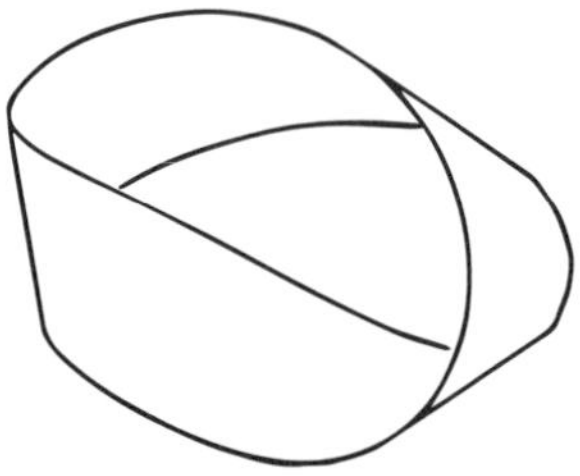

ワンコ先生

1 用意するもの

❶セロハンテープ
❷短冊（Ｂ４またはＡ３のコピー用紙を長辺に沿って、幅３㎝でカットし、細長い短冊を６枚作ります）
❸定規
❹鉛筆
❺ハサミ

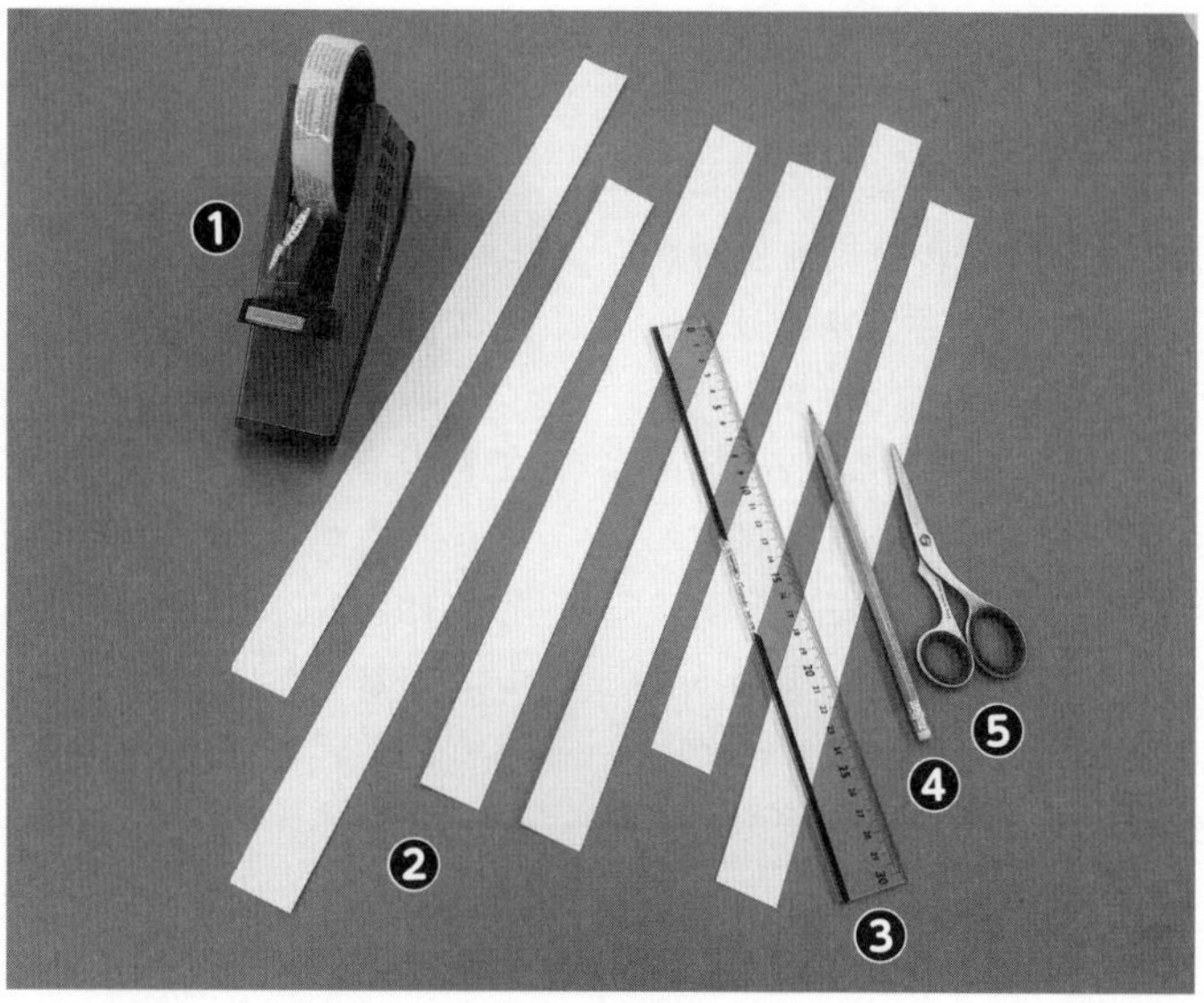

2 短冊に切り取り線を描く

短冊3枚には2等分する線を、ほかの3枚には3等分する線を書き込みます（予備含む）。

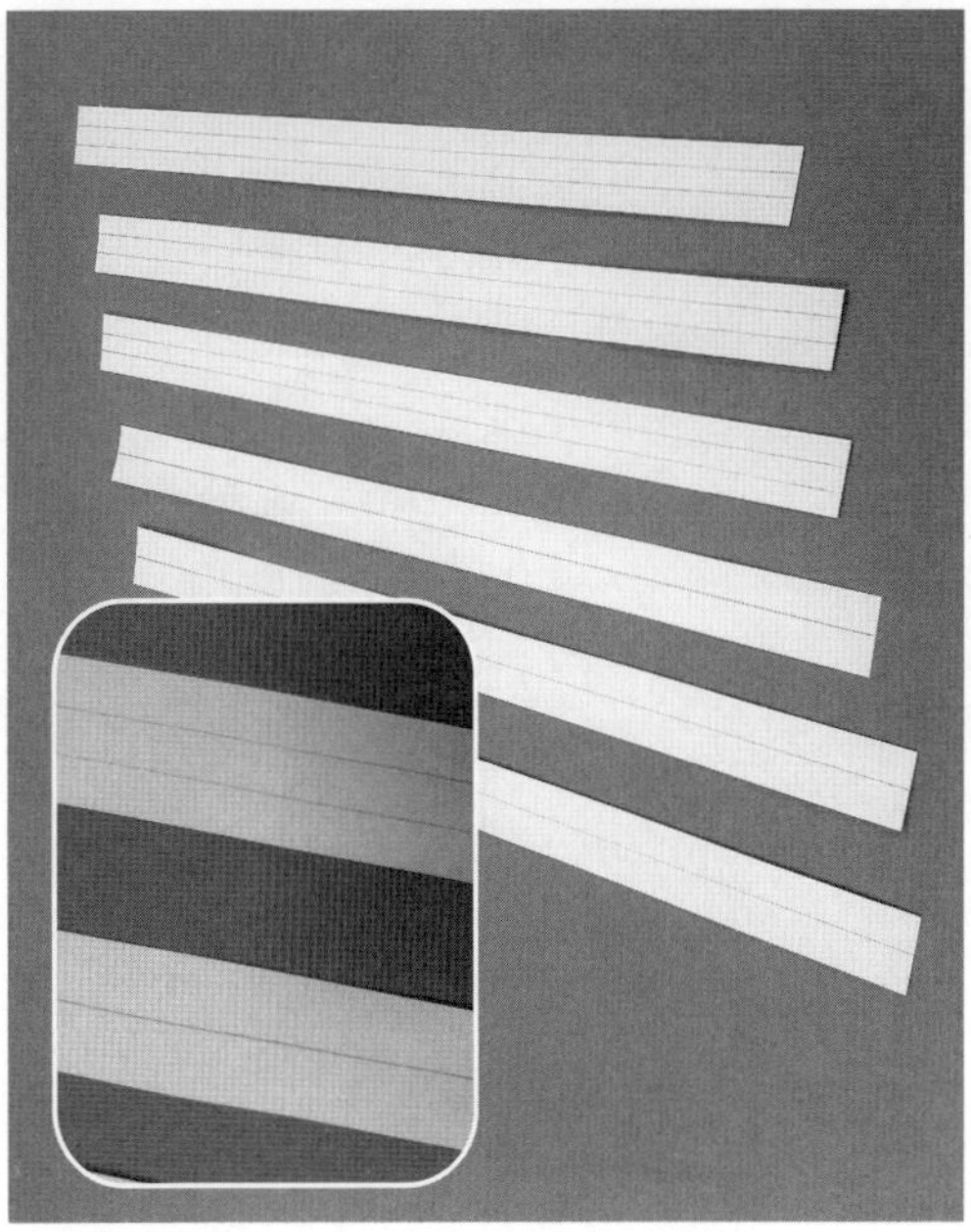

3 2等分線の短冊でメビウスの輪

2等分線を描いた短冊をセロハンテープでつないで輪にします。このとき、つなぎ目では片方を180度ひねってつなぎ、メビウスの輪にします。

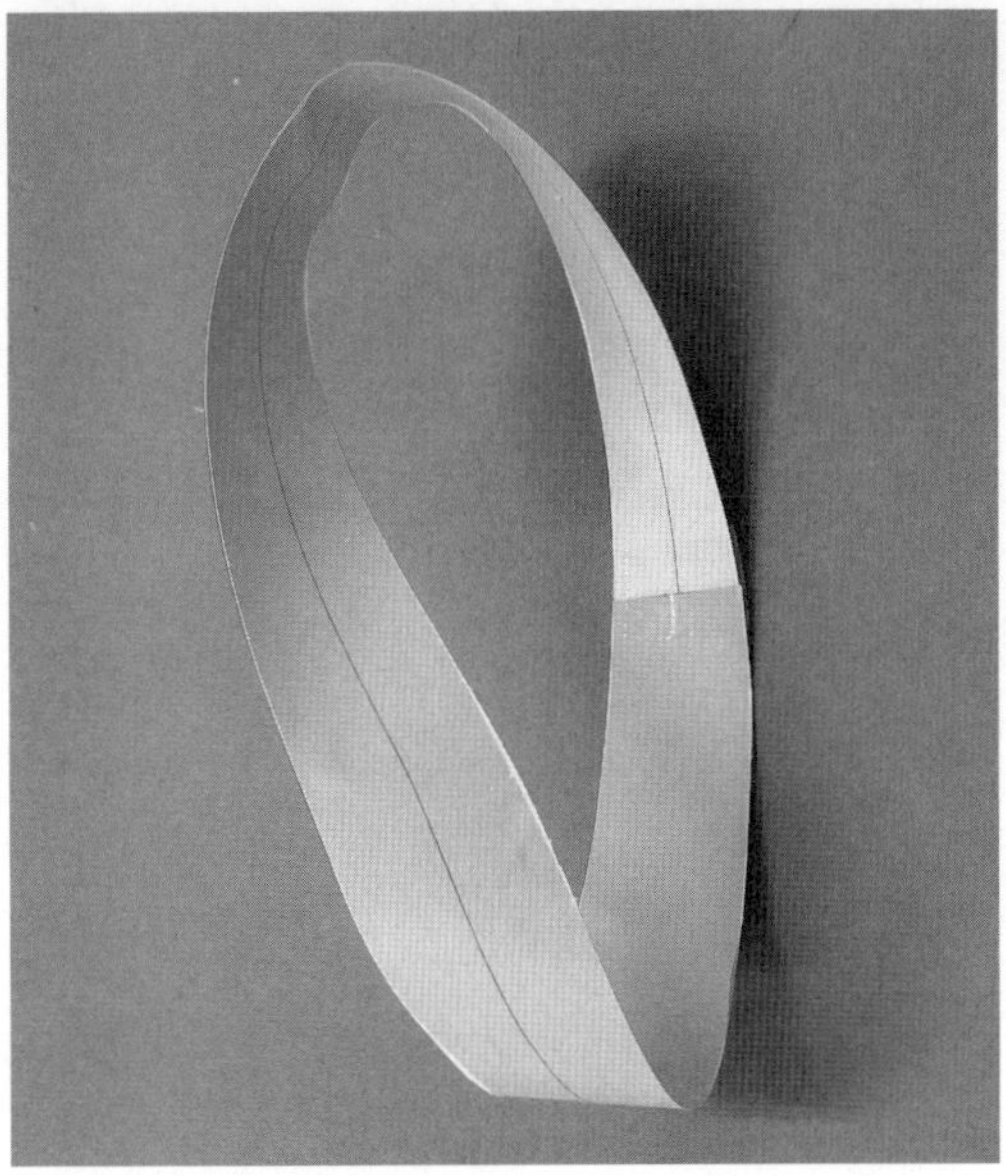

4 切り取り線に沿ってカットする

切り取り線に沿って、ハサミを入れ1周しながらカットします。さて、どうなるでしょう。予想してみましょう。

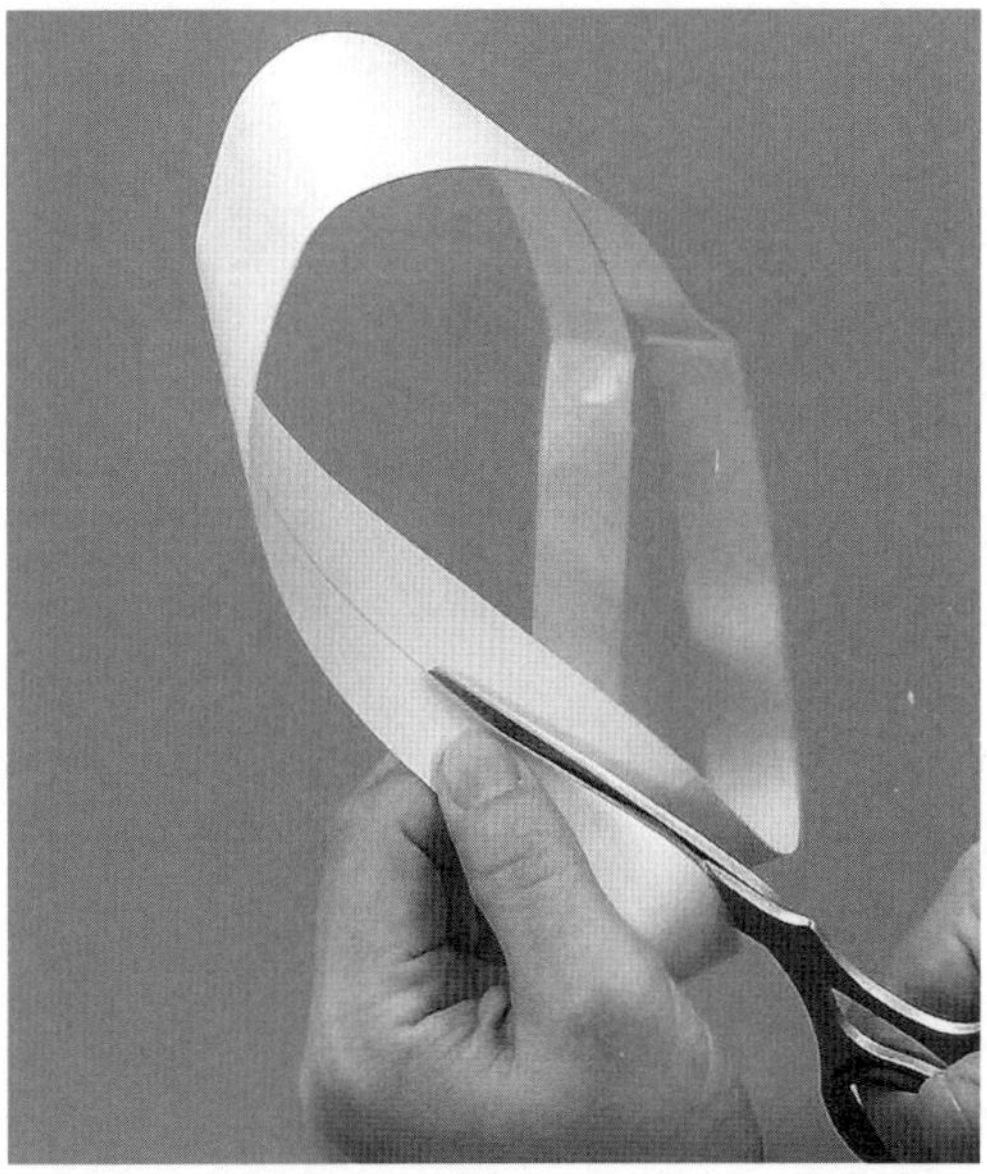

5 細くて大きな輪ができた

元の短冊の半分の幅で、大きな輪になりました。つなぎ目を見るとメビウスの輪になっています。あなたの予想はあたっていましたか。

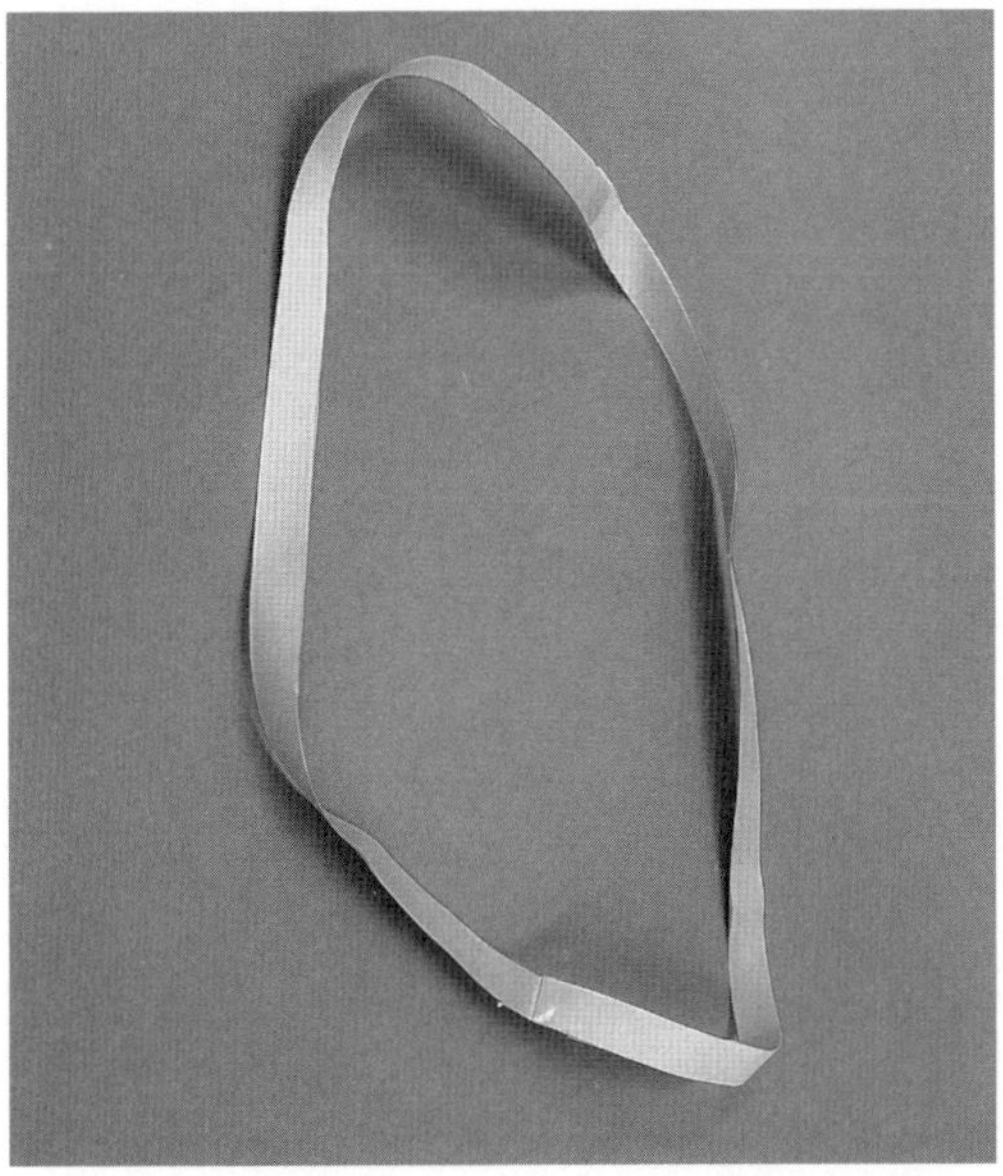

6 もうひとひねりした輪を作る

今度は、2等分線を描いた短冊に、さらにひとひねり加えた輪を作ります。できた輪を見ると表と裏があり、メビウスの輪ではありません。

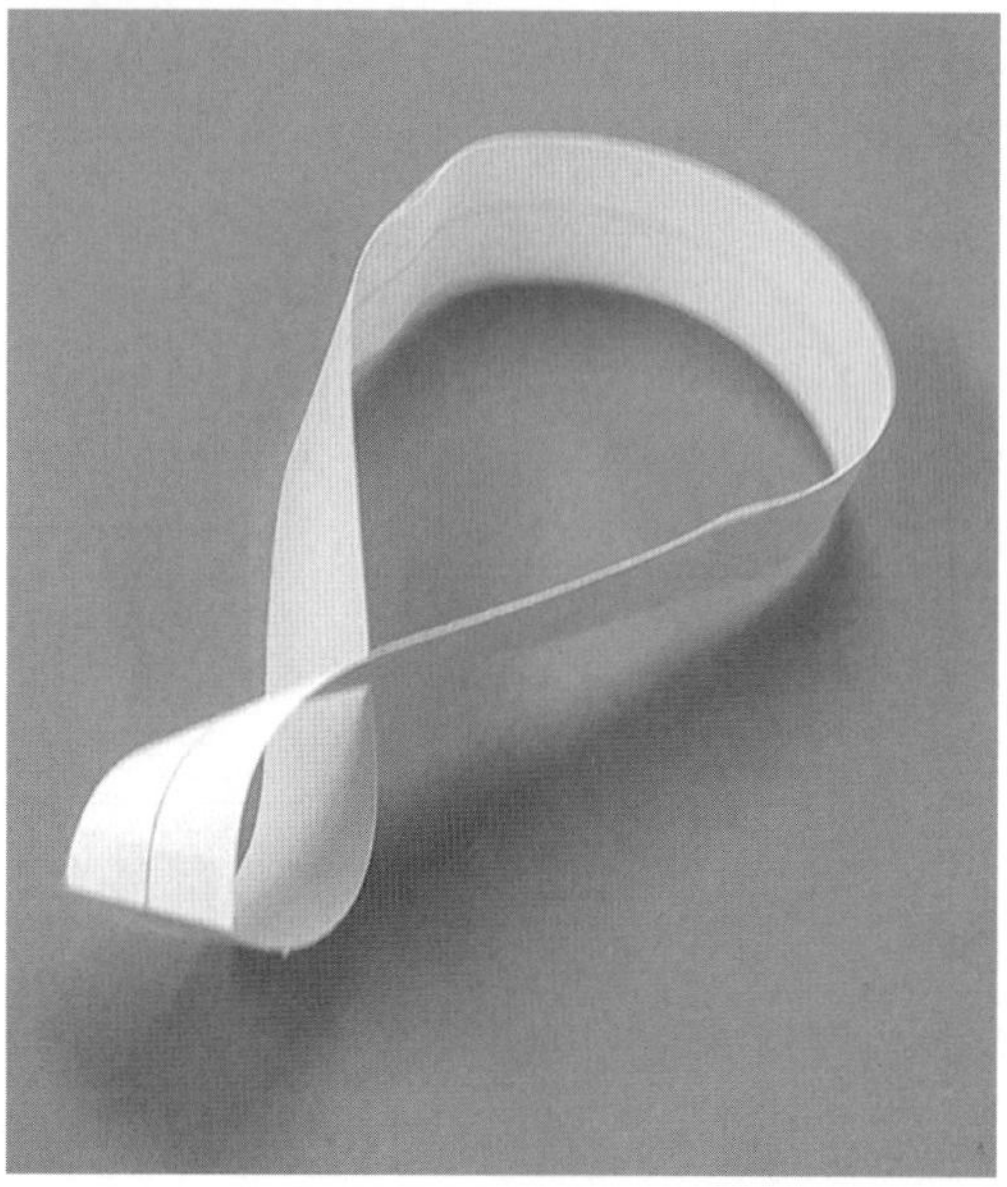

7 この輪も切り取り線でカットする

この輪も、切り取り線に沿ってハサミを入れ、1周しながらカットします。さて、どうなるでしょう。予想してみましょう。

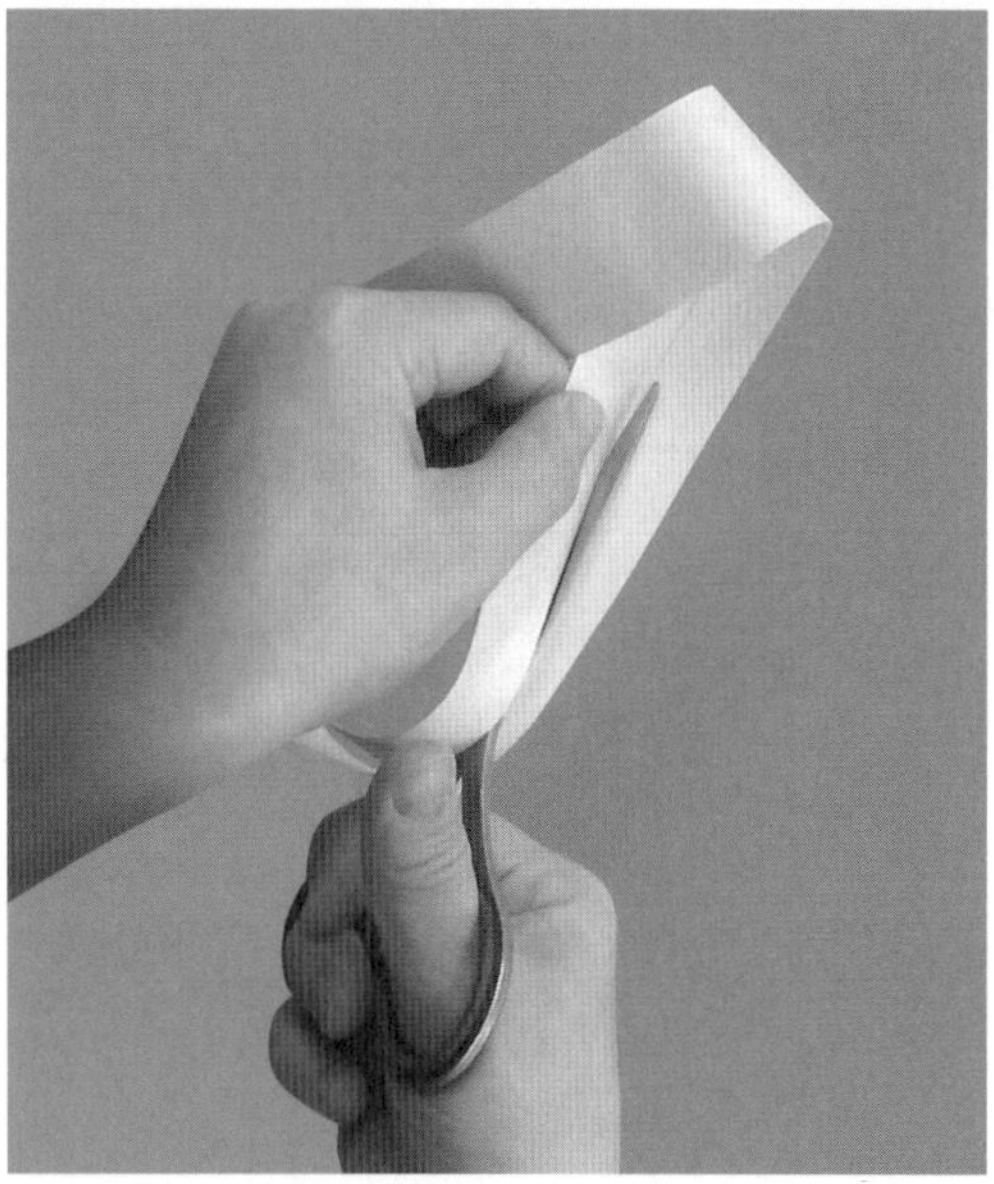

8 あれれ、今度は輪が2つできた

今度は鎖のような小さな輪が2つできました。それぞれメビウスの輪ではなく、表と裏がある、ふたひねりした輪でした。予想はあたりましたか。

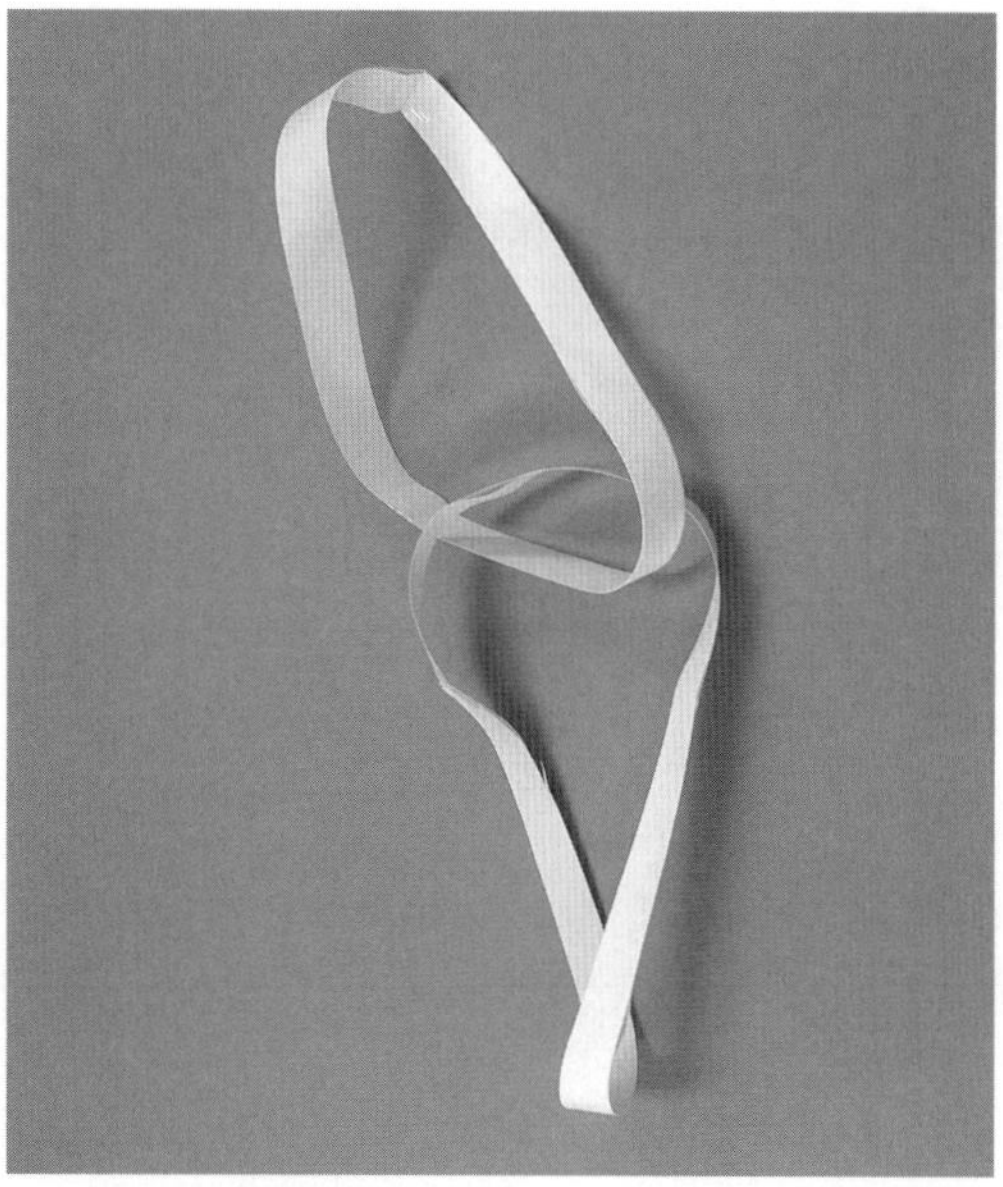

9 3等分線の短冊でメビウスの輪

次に3等分線を描いた短冊をつないで輪にします。このとき、つなぎ目では片方を180度ひねってつなぎ、メビウスの輪にします。

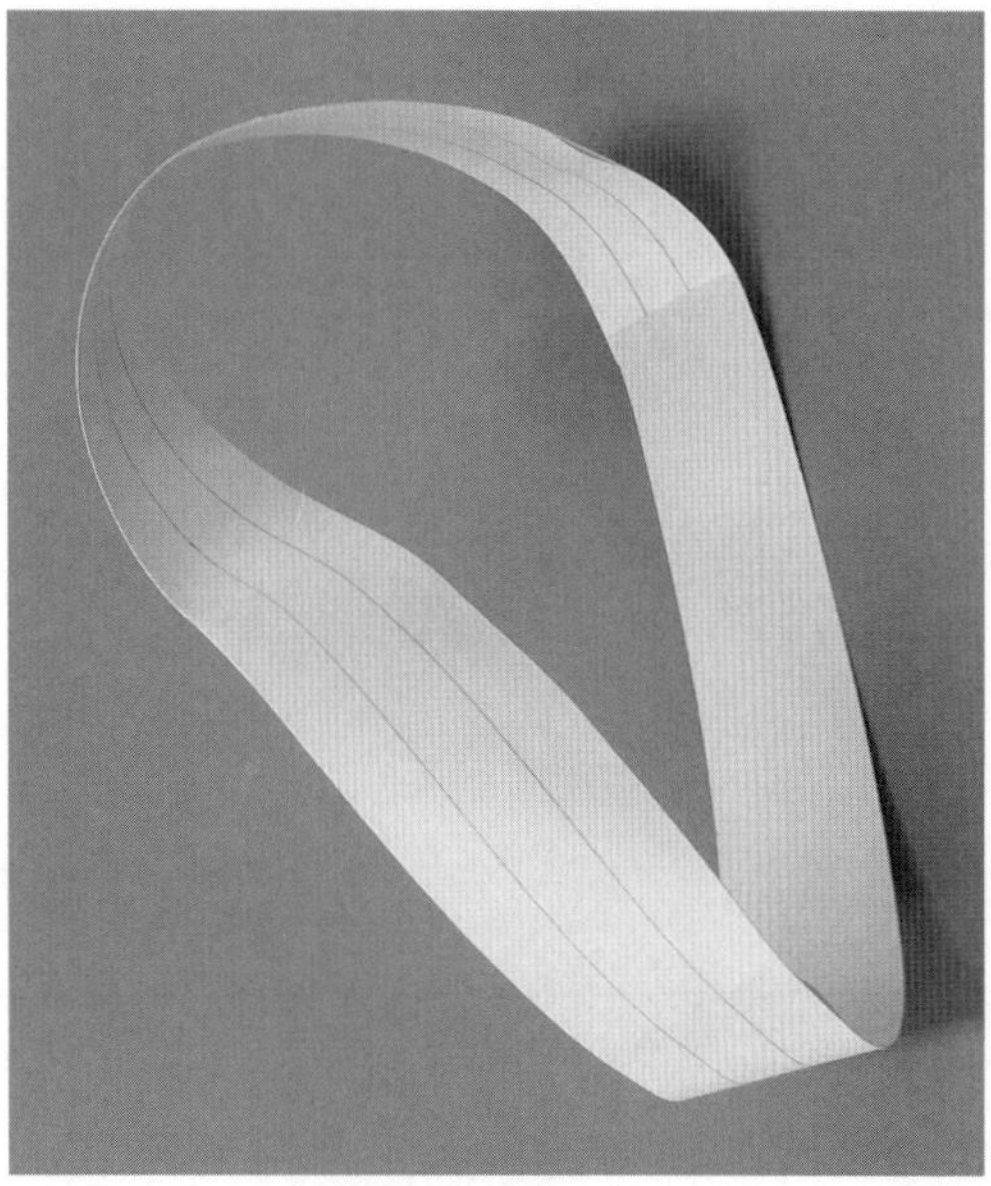

10 切り取り線に沿ってカットする

再び切り取り線に沿ってハサミを入れます。今度は2周しながらカットすることになります。さて、どうなるでしょう。予想してみましょう。

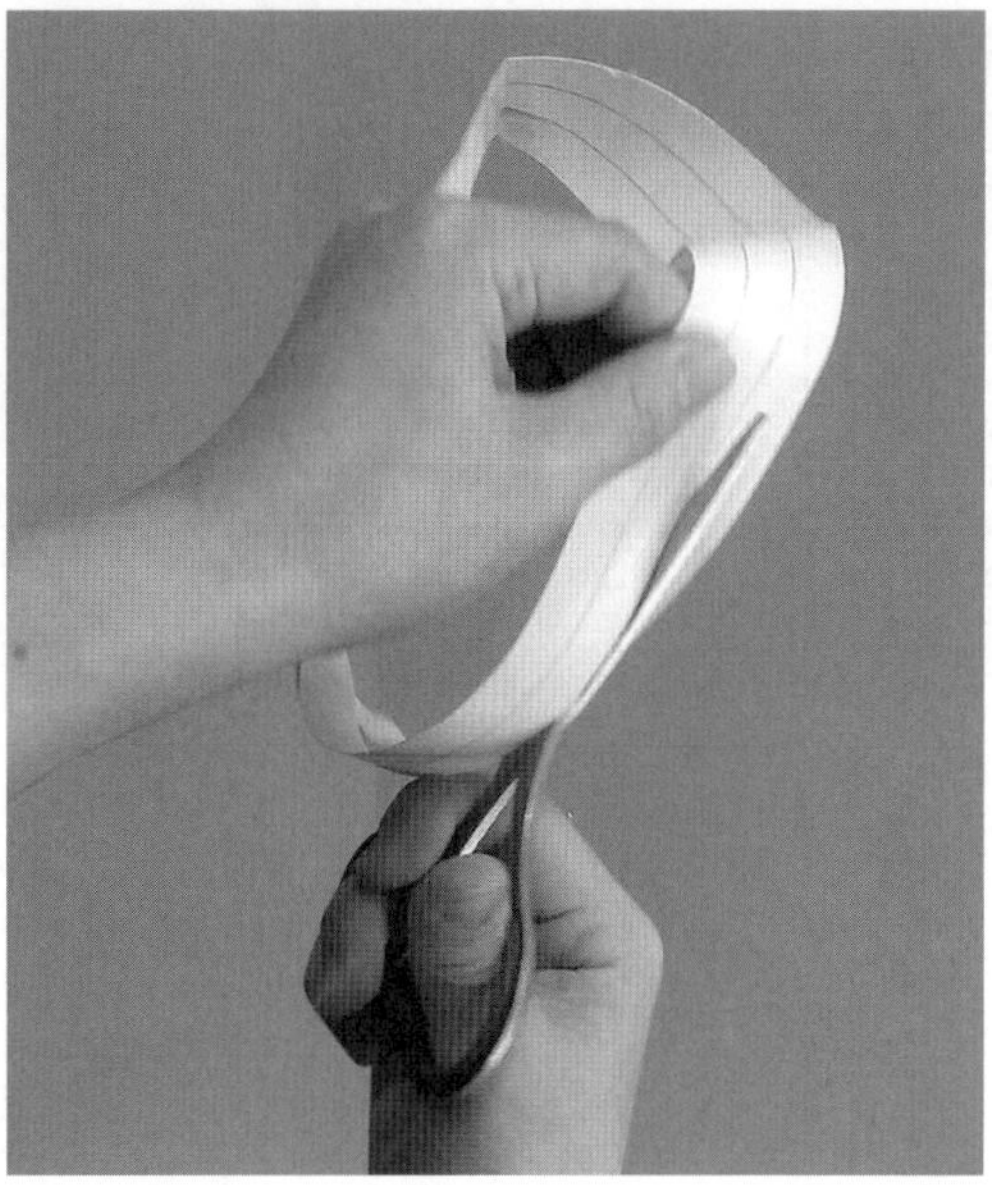

11 予想があたった人はすばらしい

今度は大きな輪と小さな輪が鎖状につながっています。どちらもメビウスの輪です。この仕上がりを予想できた人は、そうはいないでしょう。

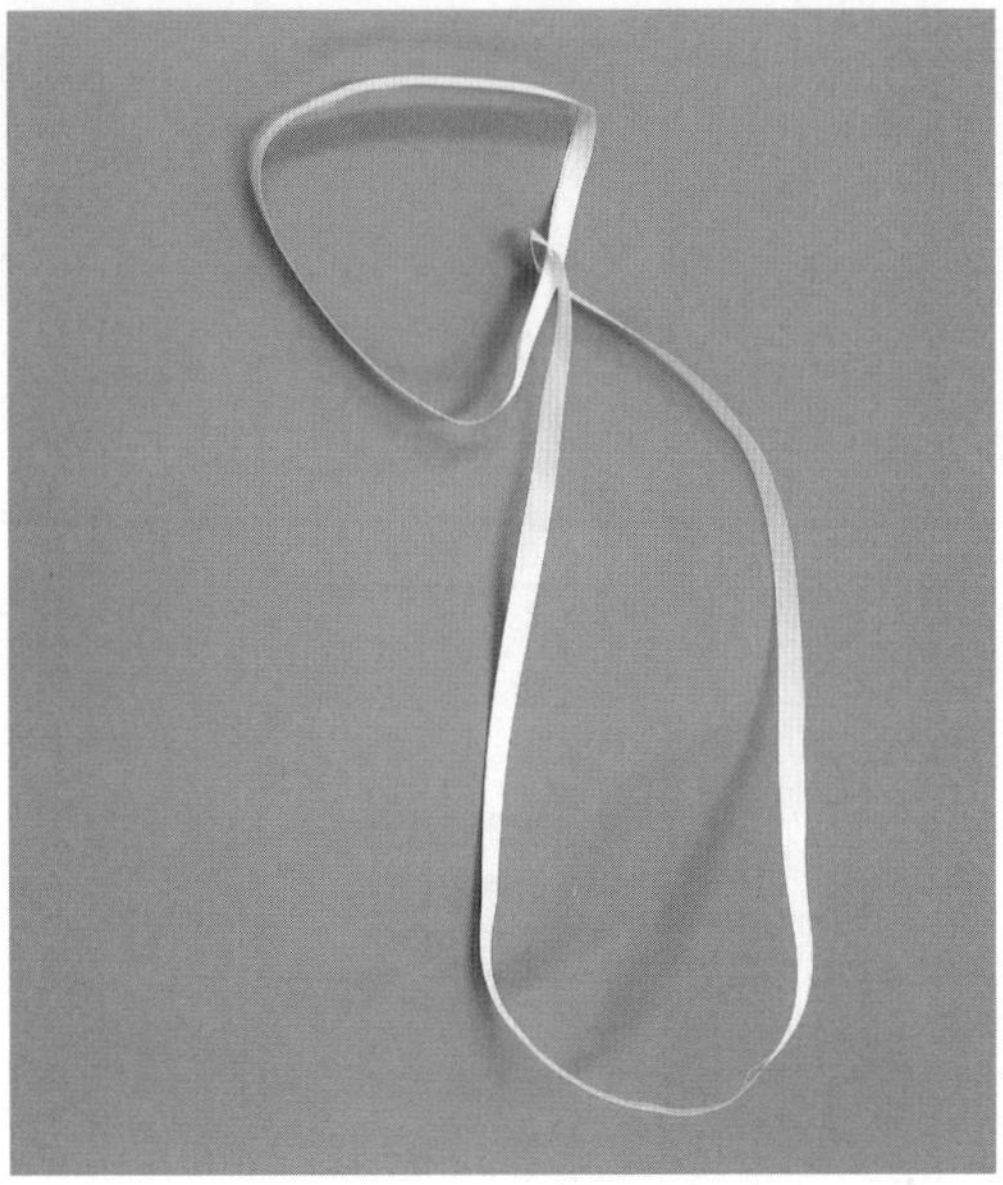

解説 発見されたのは19世紀

表と裏の概念がない不思議な構造に気づく

「メビウスの輪」は、19世紀に活躍したドイツの数学者で天文学者でもあったA・F・メビウス氏（1790〜1868）が1858年に発見し発表したことから、氏の名前がついています。天文学者である氏は、宇宙の構造に興味があり、宇宙の姿を想像するうちに、この輪に気づいたとされています。

みなさんも、短冊のつなぎ目のひねり方によって、カットしたのちにできあがる輪が、1つであったり、2つであったり、大小があったりと、様々に変化することに驚かれたことでしょう。もっとひねってからカットしたらどうなるのか、4等分や5等分だったらどうなるのか。

写真5でできた大きな輪を、さらに2等分したらどうなるのか、実験してみましょう。

メビウスの輪は、現在では数学の一分野、位相幾何《いそうきか》（トポロジー）で議論され、「なぜ」についてはほぼ解明され、ひねりの数によって輪がいくつできるかの法則も見出されています。

みなさんが最も気になったのは、最後の写真11で、大きな輪と小さな輪になる現象ではないでしょうか。

ちょっと細工をしてみましょう。切り取り線で3等分した中央のラインを写真のように塗ってみました（写真㊨）。そして切り取り線に沿ってカットしてみると、塗られた輪は小さい輪で、大きさも元の輪と同じでした（写真㊦）。

大きな輪は、写真5と同じ大きさだったのです。つまり、3等分した切り取り線はつながることで1本線となり、切り取っていくうちに、中央に形づくられる小さな輪を作り出しているに過ぎなかったのです。

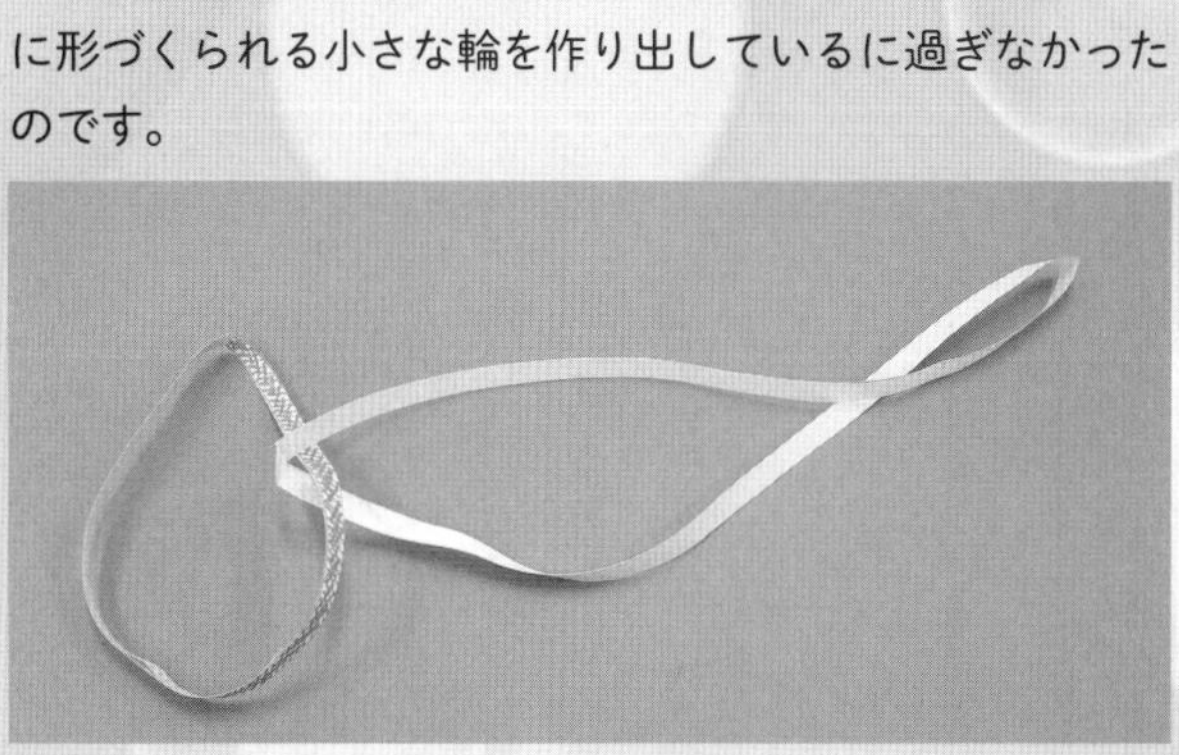

動画はこちら▶

それぞれの輪を切り取る様子は、こちらの動画でご覧ください。

そうだったのか！

中学生のための経済学

山本 謙三

オフィス金融経済イニシアティブ代表、前ＮＴＴデータ経営研究所取締役会長、元日本銀行理事。東京大学教養学部卒。

日本経済の歴史と課題を知ろう

「経済学」って聞くとみんなは、なにか堅〜いお話が始まるように感じるかもしれないけれど、現代社会の仕組みを知るには、「経済」を見る目を持っておくことは欠かせない素養です。そこで、経済コラムニストの山本謙三さんに身近な「経済学」について、わかりやすくお話しいただくことにしました。2ページにリニューアルした今回は、日本経済がたどってきた道をみてみます。

経済の現状や他国との違いを理解するには、歴史を知ることが大切です。太平洋戦争後の日本経済の歴史と現在の課題を概観します。

戦後復興

終戦を迎えたのは1945年。戦後の日本はきわめて厳しい状況でした。多くの建物や生産設備が失われ、日常の生産活動をなかなか再開できず、ものは不足し物価は高騰。のちに「団塊世代」と呼ばれる子どもが多数生まれて日々の食糧にも困るありさまでした。

そこで占領下の日本を統治したGHQ（連合国軍総司令部）は、農地改革などを進める一方、鉄鋼や石炭などの産業育成を図ります。これらの施策の効果や、日本国民の勤勉な努力があり、日本経済は次第に立て直しが進みます。1955年には、1人当たりの実質国民総生産（GNP）が戦前の水準を超え、「もはや戦後ではない」との言葉も生まれました。

高度成長から安定成長へ

1950年代半ばからの20年間は高度成長期、その後10年間は安定成長期と呼ばれます。高度成長期は1ドル＝360円の固定為替相場制のもとで、鉄鋼や船舶などの輸出が大きく伸び、実質経済成長率は年10％近くに。反面、工場からの汚染水の排出や自動車の排気ガスなど、公害の発生が深刻な社会問題となります。

1970年代前半には、世界をけん引してきたアメリカ経済が行き詰まり、各国の為替相場をドルにリンクさせる固定為替相場制が崩壊。その後は日々変動する変動相場制に移

行します。また、中東戦争の勃発をきっかけに、原油価格が著しく上昇。高度成長を支えた「円《えん》安《やす》気味の為替相場」と「安い原油価格」の前提が崩れ、日本経済は物価の大幅上昇と景気の大幅後退に苦しみます。

もっとも、１９８０年代前半に持ち直し、年４％程度の安定成長を実現。高い国際競争力を背景として、自動車や電気製品などの輸出が大きく伸びます。

バブルの発生と崩壊、金融危機

１９８０年代後半になると、日本の巨額の貿易黒字にいら立つアメリカとの間で摩擦が激化し、円相場は１ドル＝１５０円前後まで急伸します。円高を引き金とする景気悪化を危惧した日本政府、日本銀行は積極的な財政金融政策を進めます。しかしこれが人々の日本経済への過信と結びつき、「バブル」を引き起こすことに……。バブルとは株や土地、住宅などの価格が経済の実態からかけ離れて上昇することをいい、いずれは必ず崩壊します。

©FUTO/PIXTA

日本では１９９０年ごろを境にバブルが崩壊に向かい、株価や住宅価格（東京23区）は一時、最高値の3分の1程度まで下落。この結果、お金を借りて株や土地などに投資していた多くの企業が、返済できずに倒産してしまいます。資金を回収できなかった一部の銀行も経営に行き詰まり、銀行を巻き込んだ危機は、景気低迷を深く長いものにしました。

低成長と日本経済の課題

２０００年代前半に日本経済はようやくバブル崩壊の悪影響を脱し、回復に向かいます。失業率も低下。しかし、リーマンショックや新型コロナウイルス感染症の流行といった世界的危機が相次ぎ、年平均０％台程度の低成長が続いているのが現状です。

こうした低成長の背景には、日本経済が抱える４つの課題を指摘できます。

第１は少子化、高齢化です。働き手の中心となる若年・中堅層の人口が減る一方、高齢者が増加。高齢化は医療や介護などの社会的な費用増大につながります。これを少ない働き手でどのように支えるかが課題です。

第２は情報通信技術革新への対応の遅れ。経済のけん引役となる産業は、時代とともに変わります。現在は情報通信業ですが、日本は１９９０年代の経済低迷もあり、他の先進国に一歩立ち遅れました。遅れをどう取り戻し、産業を活性化させていくかを考えなければなりません。

第３は世界経済拡大にどう対応するか。どの国の産業も、いまや世界各地との連携なしには良質の製品を作ることができません。一方、コロナ禍にみられるように、地球規模で結びついた経済では、１カ所に綻びが生じると、すぐに全世界に波及します。これらのリスクに対処しつつ、どのように世界の経済と連携していくかが問題です。

第４は世界共通の課題である気候変動や格差拡大。地球温暖化が進めば風水害などの被害が増えて人々の生活を脅かします。また所得格差が広がることも生活を不安定にし社会不安を増幅させるため、対応が迫られます。

低成長とはいえ、日本はいまもアメリカ、中国に次ぐ世界第3位の経済大国です。世界のリーダーである意識を持ち、知恵と努力でこれらの課題を克服しなければなりません。

今後も撤去が進む駅の「電気時計」

電気時計がまだ残っているJR代々木駅（東京都新宿区／撮影・本誌）

維持費や老朽化などがおもな要因

みなさんは電車を利用するとき、現時刻をなにで確認しますか？　腕時計の人もいれば、スマートフォンで確認する人、また駅構内の時計を参考にしている人もいるでしょう。ところが、正式には「電気時計」と呼ばれる駅構内の時計は、現在、JR線各駅で撤去が進んでいます。

JR東日本の発表によれば、2021年の11月から徐々に撤去作業が始まっており、今後10年をかけて約500駅（全体の約3割）で時計が取り外される予定です。撤去されるのは、「乗客数1日1万人未満の駅」「老朽化が進んでいる時計」「更新時期が近い時計」のいずれかに該当する場合で、アナログ・デジタルは問わないといいます。

この背景にあるのは、莫大な維持費・管理費の問題です。電気時計は、基準となる「親時計」の時刻を設定し、ほかの「子時計」がその時刻に従うことで、場所が違っても同じ時刻を表示できる仕組みになっています。この仕組みによって、地下など電波状況が悪い場所でも、それぞれの時計は同じ時刻を示せるようになっているのです。ただし、これらをつなぐ配線の修理や交換には年間4億円もかかるとされ、この度の撤去で今後3億円の経費が削減できると見込まれています。

また、スマートフォンの普及も大きな理由となりました。乗客自身で正確な時刻を確認できるという点も考慮され、今回の決定にいたったのです。

一方、一部自治体では反対の声もあがっています。例えば山梨県大月市では、市内にある6つのJR駅すべてで時計が撤去されました。これを受けて市民から「不便だ」との意見があがり、市議会は2月25日、再設置を求める決議を可決しています。そのほか、独特の色合いで風情のある電気時計に愛着を持っている利用者も多く、様々な観点から意見が寄せられているといいます。

PICK UP NEWS
ピックアップニュース！

北京2022オリンピックの開会式で点火された聖火（2022年2月4日、中国・北京）写真：時事

今回のテーマ

北京オリンピック・パラリンピック

第24回オリンピック冬季競技大会・北京2022オリンピックが91カ国・地域（ロシアオリンピック委員会＝ROCを含む）から約2900人の選手が参加して、2月4日から20日までの17日間、開催されました。北京では2008年に夏季オリンピックが開かれており、同じ都市で夏と冬のオリンピックが開催されたのは初めてでした。

7競技、史上最多の109種目で熱戦が繰り広げられ、日本は金3個、銀6個、銅9個、計18個のメダルを獲得。2018年の韓国・平昌《ピョンチャン》大会の13個を上回り、冬季五輪では過去最多のメダルとなりました。とくに金メダルとなったスノーボード男子ハーフパイプの平野《ひらの》歩夢《あゆむ》選手の演技は圧巻でしたし、小林《こばやし》陵有《りょうゆう》選手のスキージャンプ個人ノーマルヒルでの金メダルは1972年の札幌大会以来の快挙です。スピードスケート女子1000mで金メダルを獲得した高木美帆《たかぎみほ》選手は、ほか3種目でも銀メダルに輝きました。最終日には、カーリング女子が初めて決勝に進出。イギリスに敗れましたが銀メダルを獲得し、話題をさらいました。

しかし、中国の新疆《しんきょう》ウイグル自治区での人権侵害問題のため、開会式では日本や欧米諸国が外交的ボイコットをし、また、コロナ禍での開催で様々な制約がありました。フィギュアスケート女子ではドーピング問題などで公平性に疑問が出されたり、期間中に中国の大会関係者が台湾は中国の一部だと発言し、政治色が強すぎるといった批判が出るなど、必ずしも順調とはいい難い大会でした。

次回2026年の冬季オリンピックはイタリアのミラノとコルティナダンペッツォの2都市で開催されます。2都市開催は初めてです。その次の2030年には札幌市が開催をめざしています。

パラリンピックは3月4日から13日までの10日間行われましたが、開会直前の2月24日、ロシア軍がウクライナに軍事侵攻したことから、急遽、ロシアとベラルーシの選手の参加を取り消す異例の大会となりました。

日本は1998年の長野大会に次いで多い4個の金メダルなど7個のメダルを獲得。とくに選手団主将の村岡桃佳《むらおかももか》選手はアルペンスキー女子大回転（座位）で連覇を達成、金メダル計3個に輝きました。

ジャーナリスト **大野 敏明**
（元大学講師・元産経新聞編集委員）

思わずだれかに話したくなる
名字の豆知識

第25回

都道府県別の名字
今回は

岩手

奥州藤原氏と岩手の名字

岩手県の名字ベスト20は？

都道府県別の3番目は岩手県です。岩手県は陸奥国《むつのくに》をさらに細分化して陸前《りくぜん》、陸中《りくちゅう》、陸奥《りくおう》、岩城《いわしろ》、磐城《いわき》と分けたうちの陸中と陸奥、陸前の一部から立県しました。

県名は同県を象徴する山、岩手山《いわてさん》が由来です。岩手山はもとは岩出山《いわでさん》で、岩が露出した部分があるためについた名前ですが、のちに岩手と書くようになりました。

岩手県の名字のベスト20です。多い順に佐藤、佐々木、高橋、千葉、菊池、伊藤、阿部、菅原、及川、鈴木、吉田、小野寺、熊谷、中村、藤原、三浦、菊地、斎藤、工藤、小原です。

全国のベスト20以外で顔を出しているのは千葉（全国90位）、菊池（同１１３位）、阿部（同23位）、菅原（同86位）、及川（同２７９位）、小野寺（同２３０位）、熊谷（同１５４位）、藤原（同46位）、三浦（同45位）、菊地（同96位）、工藤（同65位）、小原（同２４２位）です。

このうち千葉、菊池、阿部、菅原、小野寺、熊谷、三浦、菊地は東北全体に多い名字で、工藤は青森系の名字です。

及川は岩手県では堂々の9位で約2万３９００人を擁します。現在の岩手県の人口が約１１９万人であることを考えれば約２%が及川さんということになります。また、全国の及川さん約７万８４００人のうち、約3割が岩手県に住んでいることになります。現在、他県に居住している及川さんの多くが岩手県にルーツがあるといっていいでしょう。

及川姓は『全国名字辞典』（東京堂出版・森岡浩著）によれば、但馬国《たじまのくに》城崎郡及川荘（現・兵庫県）が発祥と考えられ、藤原北家《ふじわらほっけ》頼政流の光重の子孫、光房のときに結城氏に従い陸奥国に赴き、伊達氏に仕えるようになり、現在の岩手県に広まったとあります。しかし現在、及川という地名は兵庫県にはありません。江戸時代以前に消えていったのかもしれません。及川姓も兵庫県のベスト１００にはありません。現在、及川という地名は神奈川県厚木市の大字《おおあざ》にありますが、それと岩手県の及川氏とは関係がないようです。

岩手県の「藤原」は奥州藤原氏に由来か

藤原は全国で46位で約30万3200人、岩手県では15位で約1万3700人です。小原は全国で242位で約8万9400人、岩手県では20位で約1万1500人です（新人物往来社『別冊歴史読本　日本の苗字ベスト10000』より）。

岩手県で藤原といえば、平泉《ひらいずみ》に館をかまえ、中尊寺《ちゅうそんじ》など平泉文化を花開かせ、源義経《みなもとのよしつね》をかくまった豪族として有名な奥州藤原氏《おうしゅうふじわら》がいます。

系図をさかのぼると、藤原北家の祖、房前《ふささき》の子、魚名《うおな》の孫の孫で、「佐藤」の回（2019年3月号掲載）でも登場した藤原秀郷《ふじわらのひでさと》（俵藤太《たわらのとうた》）の子、千時《ちつね》の5代の子孫が奥州藤原氏初代の清衡《きよひら》とされています。

清衡は後三年《ごさんねん》の役《えき》で、最初は源義家《みなもとのよしいえ》に対抗しますが、のちに義家に協力して、同族の清原氏を討ち、奥州に確固たる基盤を築きます。二代は基衡《もとひら》。奥州藤原氏は百年の栄華を誇りますが、源頼朝《みなもとのよりとも》に追われた弟の源義経を、三代秀衡《ひでひら》がかくまったことから、話がこじれ、秀衡の没後、四代泰衡《やすひら》が頼朝に内通して義経を滅ぼし、さらに泰衡自身も頼朝に滅ぼされてしまいます。この奥州藤原氏に由来する名字が藤原というわけです。

これらのほかに岩手県の出身とわかる名字は千田《ちだ》、岩渕、照井、金野《こんの》、今野、昆、昆野、久慈《くじ》、山根、似内《にたない》、田鎖《たぐさり》、角掛《つのかけ》、小比類巻《こびるいまき》、八重樫《やえがし》、郷右近《ごううこん》、小田島、新沼《にいぬま》などがあげられます。金野、今野、昆野、紺野、金《こん》、今、昆、紺はみな元来が「金《こん》」から分かれたと考えられます。八重樫、郷右近、久慈なども岩手県特有の名字です。

岩手県は幕末、南部藩が新政府軍と戦ったため、明治維新では賊軍扱いを受けましたが、戦前は原敬《はらたかし》、斎藤実《さいとうまこと》、米内光政《よないみつまさ》、東條英機《とうじょうひでき》の4人の首相を出しています。戦後も鈴木善幸《すずきぜんこう》が首相になりました。

米内も岩手県特有の名字です。元来、南岩手郡に上米内村《かみよない》、下米内村《しもよない》があり、これが米内村に合併し、1928年、盛岡市に吸収されました。現在では地名はなくなっていますが、中学校、小学校、幼稚園、郵便局、駅名にその名を留めています。意味は「年貢米などを他人の分まで負担すること」との説もありますが、よくわかっていません。

旧5000円札の肖像、新渡戸稲造《にとべいなぞう》は幕末の1862年、盛岡の南部藩士の子として生まれました。ですが、この名字は日本の名字ベスト1万に入っていません。地名にもありません。おそらく稲造の一族だけのきわめて珍しい名字ということができるでしょう。

奥州藤原氏が築いた平泉の文化遺産

中尊寺
金色堂

毛越寺
浄土庭園

ミステリーハンターQの
タイムスリップ歴史塾

国際連盟

今回は国際連盟について勉強しよう。国際連合の前身であり、世界平和と国際協力をめざして1920年に設立された国際機関だよ。

静 ロシアがウクライナに侵攻して大変なことになっているけど、１００年以上前に世界平和のために設立された国際機関があったんだってね。

MQ 国際連盟のことだね。

勇 いまの国際連合とは違うの？

MQ 国際連合とは違うよ。国際連盟は第一次世界大戦のあとに設立されたんだ。

静 どういう経緯で設立されることになったの？

MQ １９１４年から１９１８年まで続いた第一次世界大戦は、それまでの歴史でも最大級の犠牲者を出した戦争となった。現在の国家にすると約50カ国が参戦または戦争に巻き込まれるなどし、約７０００万人の将兵が戦った。そして、そのうち約９００万人が戦死したんだ。

勇 民間人も犠牲になったの？

MQ ７００万人以上の非戦闘員が犠牲になった。戦車、飛行機、潜水艦、毒ガスなどの新兵器が使われるなど、戦争の実態も悲惨をきわめた。そこで１９１９年、アメリカのウイルソン大統領が世界平和を維持する国際機関として、国際連盟の設立を提唱したんだ。

静 それって画期的なことよね。

MQ 同年６月のベルサイユ条約の一部として国際連盟規約が採択され、戦勝国のアメリカ、イギリス、フランス、イタリア、日本が常任理事国になることで発足するはずだったんだ。

勇 「はずだった」って、どういうこと？

MQ アメリカには、ヨーロッパへ干渉をしないかわりに、ヨーロッパから干渉されないというモンロー主義という考えがあって、アメリカ合衆国議会の上院が加盟に反対したんだよ。

静 じゃあ、アメリカは不参加だったの？

MQ そう。国際連盟はアメリカ不参加のまま１９２０年１月に発足したんだ。

勇 国際平和のためにどんな活動をしたの？

MQ 最大時、58カ国が加盟し、軍備の縮小、紛争の調停、委任統治など、当時としては国際平和のためにかなりの努力をした面もあった。しかし、侵略などに対する有効な制裁手段を持たなかった。１９３０年代にはドイツ、日本、イタリア、スペインが相次いで脱退。ソビエト連邦は後れて加盟したけど、フィンランドを侵略して追放された。結局、１９３９年の第二次世界大戦を迎えてしまったんだ。国際連盟は第二次世界大戦後の１９４６年に解散、国際連合にとってかわられることになったんだね。

ミステリーハンターQ（略してMQ）

米テキサス州出身。某有名エジプト学者の弟子。1980年代より気鋭の考古学者として注目されつつあるが本名はだれも知らない。日本の歴史について探る画期的な著書『歴史を掘る』の発刊準備を進めている。

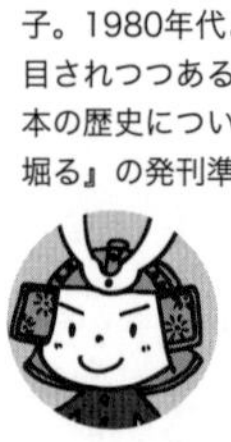

山本 勇

中学３年生。幼稚園のころにテレビの大河ドラマを見て、歴史にはまる。将来は大河ドラマに出たいと思っている。あこがれは織田信長。最近のマイブームは仏像鑑賞。好きな芸能人はみうらじゅん。

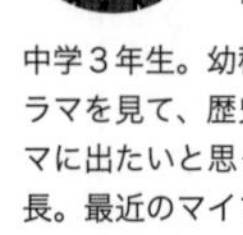

春日 静

中学１年生。カバンのなかにはつねに、読みかけの歴史小説が入っている根っからの歴女。あこがれは坂本龍馬。特技は年号の暗記のための語呂合わせを作ること。好きな芸能人は福山雅治。

先生
生徒
身の回りにある、
知っていると
役に立つかもしれない
知識をお届け!!

サクセス印のなるほどコラム

ペースト状なのに、歯磨き粉？

おはよう！　今日も楽しく勉強しよう！　ところで、今朝、ちゃんと歯を磨いてきた??

相変わらず唐突だなあ……歯磨き粉を使ってしっかり磨いたよ！

「歯磨き粉」を使って磨いたんだね（ニヤニヤ）。キミの家の歯磨き剤ってどんなの？

なにニヤニヤしてるの？　チューブに入った普通のやつだよ？

ペースト状のだね？　なのに歯磨き「粉」って言ってるよね？

えっ？　確かに！　みんな歯磨き粉って言ってる！

「ペースト」状なのに、「粉」って言うの、不思議じゃない？

別に、気になら……ない!!

本当は気になっているくせに（笑）。そんなキミに、この写真を見せてあげよう。

赤い缶に「タバコライオン®」って書いてある……なんなのこれ？

これは、先生が子どものころ、家にあった歯磨き粉だよ。

え？　これが歯磨き粉？　チューブじゃないんだ……。

こういう歯磨き粉もあったんだよ。なんせ歯磨きの歴史は紀元前1500年くらいからあるらしいから。

紀元前1500年？　まさか、その歴史をいまから話すのだけは勘弁してよ！

じゃあ軽めに（笑）。歯磨きの長〜い歴史ではなくて、この「タバコライオン®」について話すと、この赤い缶の中身、じつは白い粉末なんだよ。

白い粉末!?　本当に粉だったの？

そう！　ペースト状の歯磨き剤が主流になる前は粉状だった。その名残りでいまも「歯磨き粉」って言うんだよ。「タバコライオン®」はミント系の強い辛味のある歯磨き粉だったんだ。喫煙による歯の着色汚れをよく落とせる商品で、じつは2016年まで製造されていたんだよ。

へえ〜。で、どうやって使うの？

歯ブラシを水で濡らして、それを缶のなかの粉につけて、歯磨きをする。子どものころに試しに使ったことがあるけど、とても辛く感じて、これで歯磨きをするのは嫌だったなあ。キミの子どものころの歯磨きはどんな感じだった？

子供用の甘い味の歯磨き粉、いや、歯磨きペーストと電動歯ブラシ使っていたよ。

先生もずっと電動歯ブラシを使ってるよ。

電動歯ブラシってどれくらい前からあるの？

それがさ、1961年には電動歯ブラシがアメリカで発売されていたらしいんだ。

そんな昔から電動歯ブラシがあるならさ、いまはもっと進化して、ササっと歯磨きが終わるようになったらいいのにね。

そうだよね。例えば光を当てたら歯磨き終了！みたいになったら便利だよね。

その分、早起きしなくて済む！

幸せだよねえ。

先生って意外とそういうタイプ？

先生だって朝寝坊したい日くらいあるよ。キミもでしょ??

先生といっしょにしないでよ！　ぼくはその分、勉強するんだから!!

そんなに勉強が好きだったんだね！　じゃあ、今日はいつもより多めに宿題出してもいい？

先生、昔の歯磨き粉を使っていただけあって、辛いね……。

中学生でもわかる

高校数学のススメ

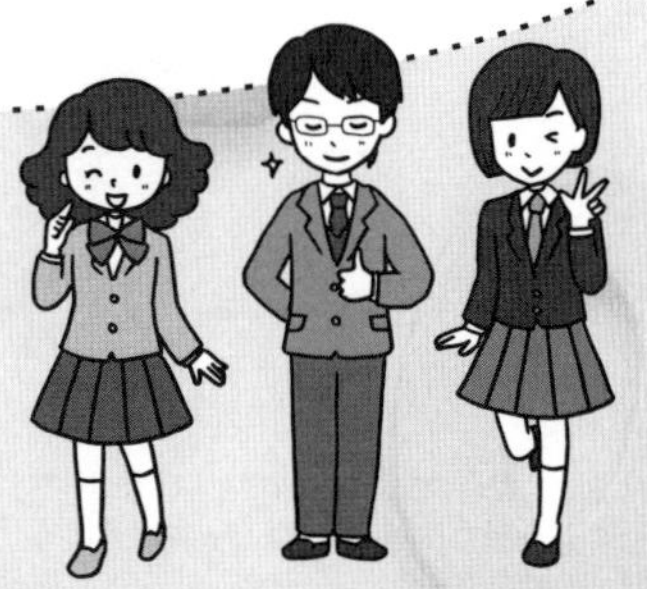

高校数学では、早く答えを出すことよりもきちんと答えを出すこと、つまり答えそのものだけでなく、答えを導くまでの過程も重視します。なぜなら、それが記号論理学である数学の本質だからです。さあ、高校数学の世界をひと足先に体験してみましょう！

written by
湯浅 弘一
ゆあさ・ひろかず／湘南工科大学特任教授・湘南工科大学附属高等学校教育顧問

Lecture! 絶対値の記号が含まれるグラフ(1)

例題　次のグラフを描きなさい。

(1) $y=|x|$　　(2) $y=|x-1|$

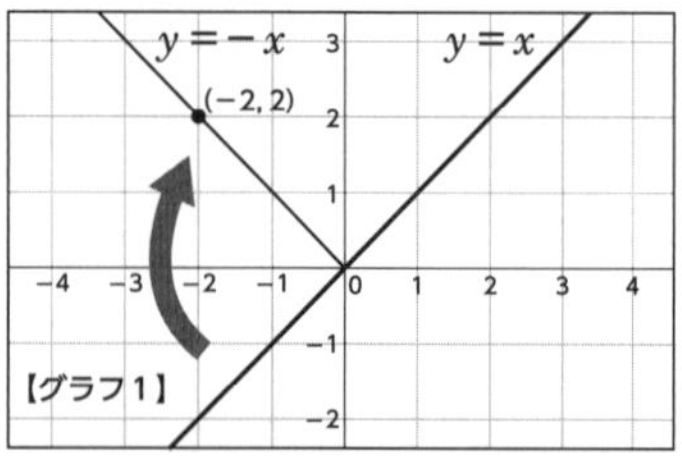

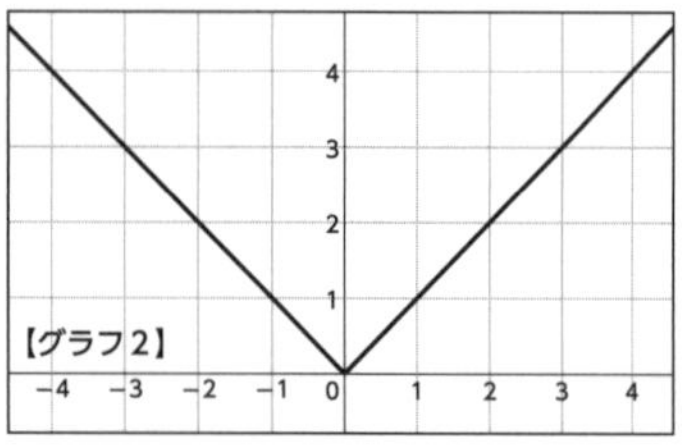

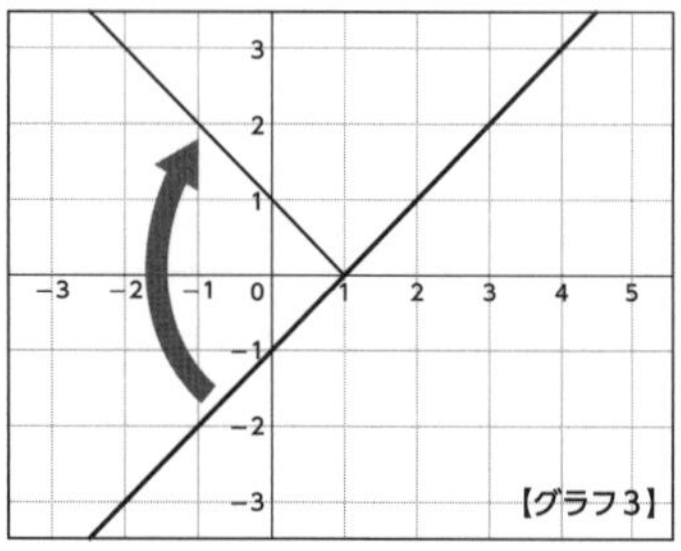

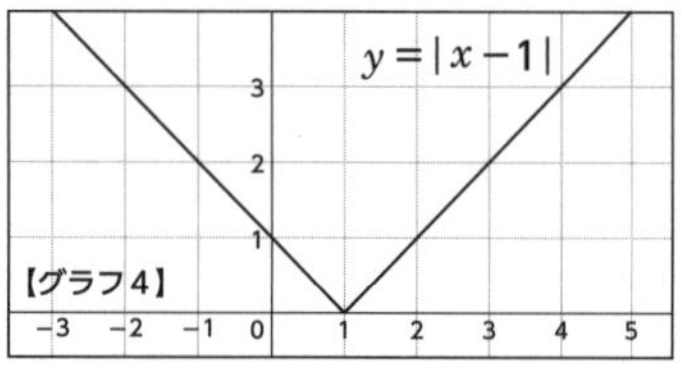

絶対値の記号の本来の意味は、“距離”です。中学では、“数直線上の0（原点）からの距離”と習うと思います。つまり、$|-5|$であれば0（原点）からの距離は5ですから、$|-5|=5$です。基本的に、距離は0以上の値になります。同様に“yイコール絶対値記号を含む式”のイメージは？　ズバリ、x軸からの距離（地面からの距離のイメージ）と思ってください。(1)であれば、$x=-2$なら、$y=|x|=|-2|=2$ですから、地面（x軸）からの距離は2になるので、【グラフ1】のように$(-2,2)$を通ります。

これは、$y=x$のx軸より下にある部分をx軸対称に折り返すと手早く描くことができますので、答えは**【グラフ2】**です。

(2)であれば、$y=|x-1|$の$x=1$のときに$y=0$であることに注意すると、【グラフ2】を右に1平行移動したグラフになります（【グラフ3】）。

一般に$y=x$から$y=x-a$に変化するとは、$y=x$をx軸方向（右）にa移動したという意味を表します。ここでも【グラフ2】と同じようにx軸より下にある部分をx軸対称に折り返す作業で描いてみると、答えは**【グラフ4】**です。

今回学習してほしいこと

$y=|ax+b|$のグラフは、$y=ax+b$のグラフのx軸より下にある部分をx軸対称に折り返す。

練習問題

中級

$y=-|x|+1$の
グラフを描きなさい。

初級

$y=|x|-1$の
グラフを描きなさい。

上級

$y=||x|-1|$の
グラフを描きなさい。

解答・解説は次のページへ！

解答・解説

中級

まず、$y=-|x|$のグラフです。

$y=|x|$にマイナスがついたものですから、
$y=|x|$のすべてのyの値がマイナスに転じます。
つまり、グラフ自体が上下逆になるイメージです。

これは結果的ですが、$y=|x|$のグラフを
x軸対称移動したグラフになります。
これが下の図です。

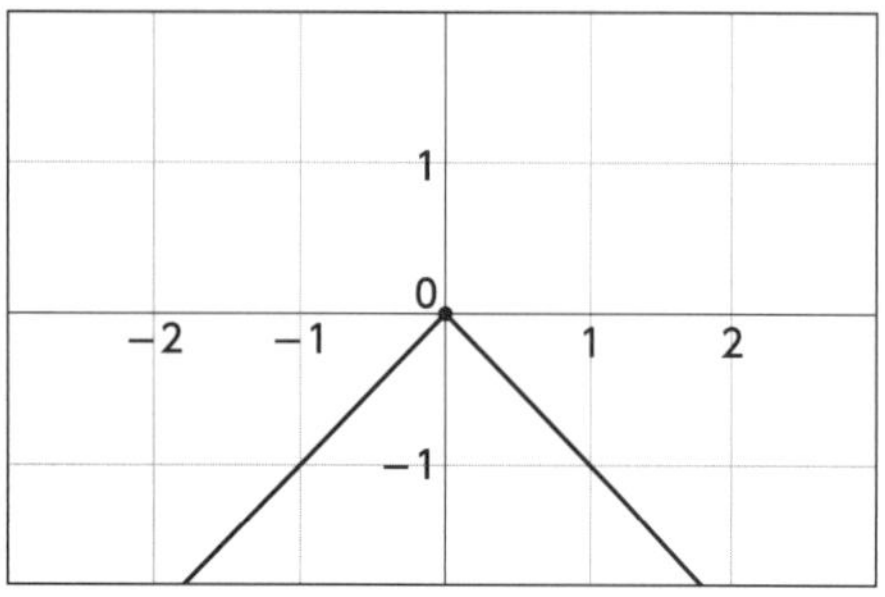

ここから、$y=-|x|+1$は$y=-|x|$より1大きい、
つまり、地面より1大きいイメージですから、
$y=-|x|$のグラフを上に1移動すると、
下の図の通り完成です。

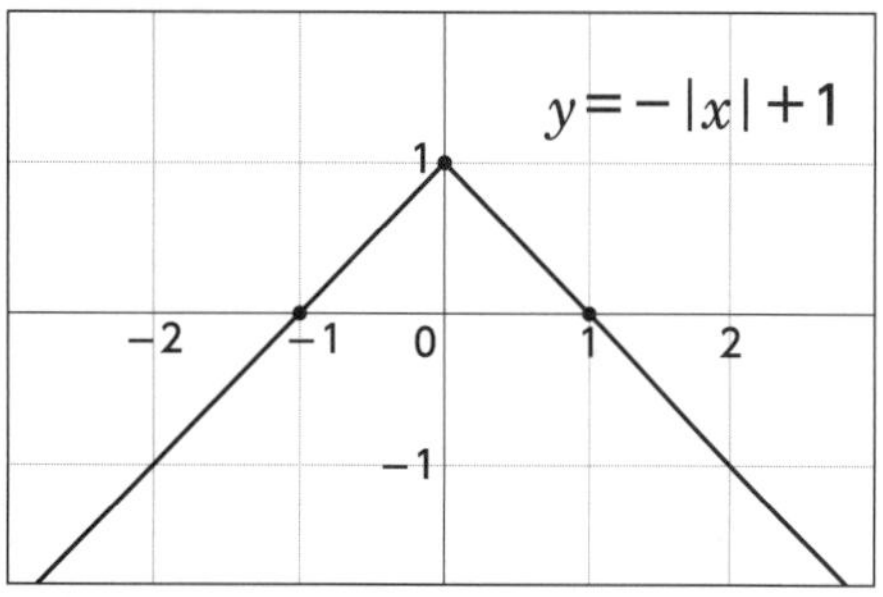

初級

これは、$y=|x|$のグラフのyの値が１小さいので、地面から１小さいとイメージして、$y=|x|$のグラフを下へ１下げます。

したがって、答えのグラフは以下の通りとなります。

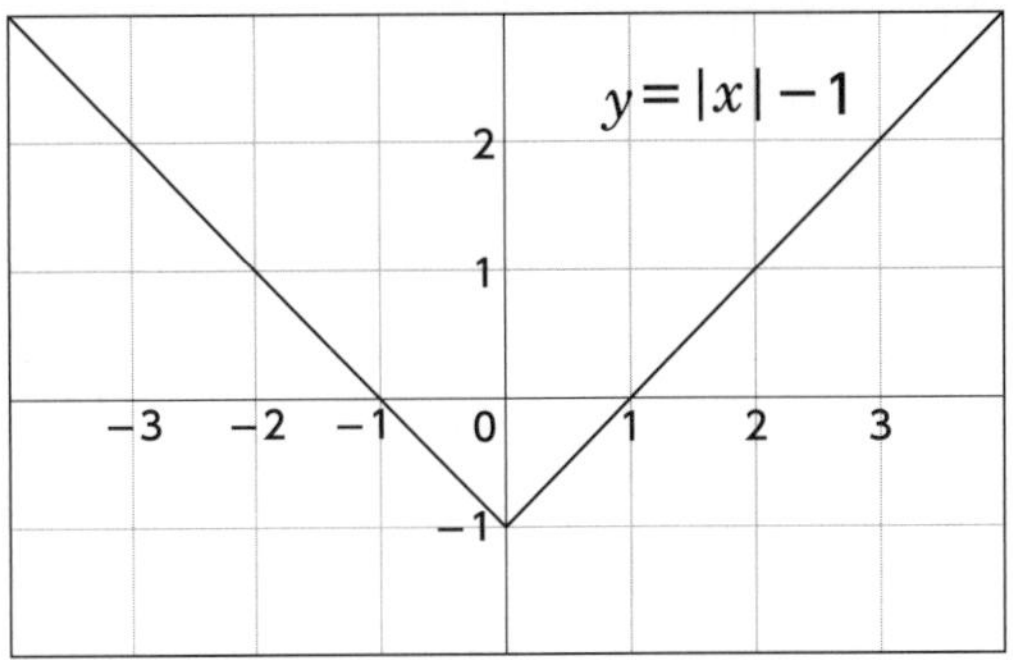

上級

このグラフを描く問題が、今回の一番の目的でした！

$y=$式全体が絶対値で包まれている、これが、はじめに「Lecture!」の「今回学習してほしいこと」で示した、「x軸より下にある部分をx軸対称に折り返す」という考え方を使うことで描けます。

したがって、【初級】の$y=|x|-1$を使って、下の図のようにグラフを描くことができます。

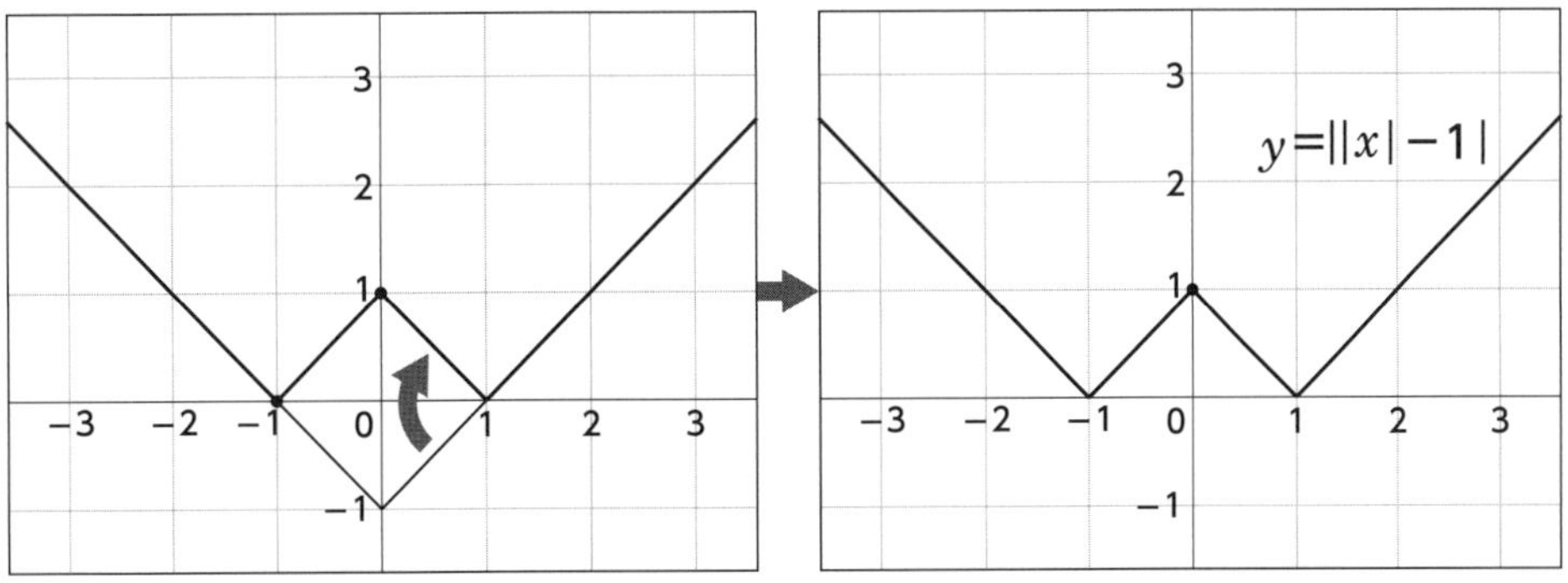

ちなみに、このグラフ、「W」の形に見えますね。「W」で思い浮かぶ大学といえば…？　そう！　早稲田大学の入試に出たこともあるんですよ。

Success Book Review

受け継がれてきた「灯り」を
これからも絶やさぬように

今月の1冊

『らんたん』

著／柚木麻子
刊行／小学館
価格／1980円（税込）

みんなは「シスターフッド」という言葉を知っているかな？ 女性同士の連帯やきずなを意味している言葉で、今回紹介する小説『らんたん』は、そのシスターフッドのつながりを軸に、明治から昭和の時代にかけて、女性の地位向上に生涯を捧げた教育者・河井道と、彼女を支えた渡辺ゆりを描いた物語だ。

道は、1877年に、代々伊勢神宮で神職を務める家に生まれるが、北海道に移住したあと、縁あってキリスト教教育に触れ、その理念に大いに感銘を受ける。その過程で、新渡戸稲造や津田梅子（津田塾大学創立者）の薫陶《くんとう》を受け、大学はアメリカに留学。帰国後、女子英学塾（のちの津田塾大学）の教師となった。

さらに自身がより理想とする教育を実践するために、1929年、52歳のときに、恵泉女学園（現・恵泉女学園中学・高等学校）を設立するが、徐々に戦争の足音が迫るなかで、学園を存続させるために苦闘する日々。

そんな彼女といつも、ともに歩み、サポートしたのが、道が恵泉女学園設立の前に教師として働いていた女子英学塾（現・津田塾大学）で教え子だったゆりだ。

2人は家族として、同志として、生涯をともにしながら理想の学園づくりにまい進していく。

時代はいまから100年前。そこで女性が男社会に立ち向かう厳しさ、難しさは現代よりもさらに大きなものだっただろう。その大変さとともに、それだけではなく、道が周囲に与える明るさや愛情、ゆりやそのほかの教え子たちとのシスターフッドのすばらしさも情緒豊かに描かれる。

また、この物語には、女性の権利のために運動する人たちが多く登場する。そうした人たちにも様々な立場・主張があること、しかし、彼女らがときに衝突しながらも奮闘・苦闘してくれたからこそ、いまがあるということも伝わってくる。

100年経ってもまったく色あせることのない、女性への讃歌や平和への思いをぜひ感じてほしい。

サクセス映画館

心を持った「クルマ」たち

バンブルビー

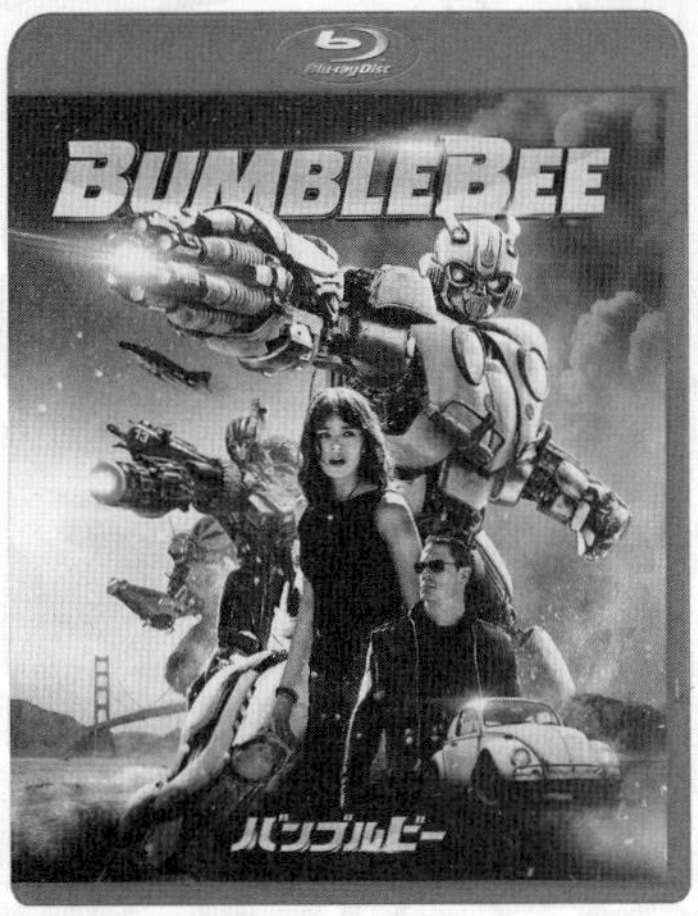

2018年／アメリカ
監督：トラヴィス・ナイト

「バンブルビー」
Blu-ray発売中
価格：2,075円（税込）
発売元：NBCユニバーサル・エンターテイメント
DVD（1,572円）も発売中

クルマ×ロボットの激しいバトル

様々な乗りものに変身できる、知能を持った金属生命体・トランスフォーマーたちが戦いを繰り広げるSFアクション映画「トランスフォーマー」シリーズ。その起源が描かれた作品がこちら。

とある惑星の戦争で命からがら地球へと逃げ込んだ１体のトランスフォーマー。彼が黄色いクルマと化していた状態で出会った少女・チャーリーは、ロボットに変身する様子に驚きながらも、「バンブルビー」と名づけて友情を深めていきます。その陰で、バンブルビーの敵となるトランスフォーマーたちも地球にやってきていて……。

迫力満点の変身シーンやアクションシーンではハラハラドキドキを、チャーリーとバンブルビーの心が通じあう場面では思わずホロリと、色々な楽しみ方ができる映画です。

カーズ

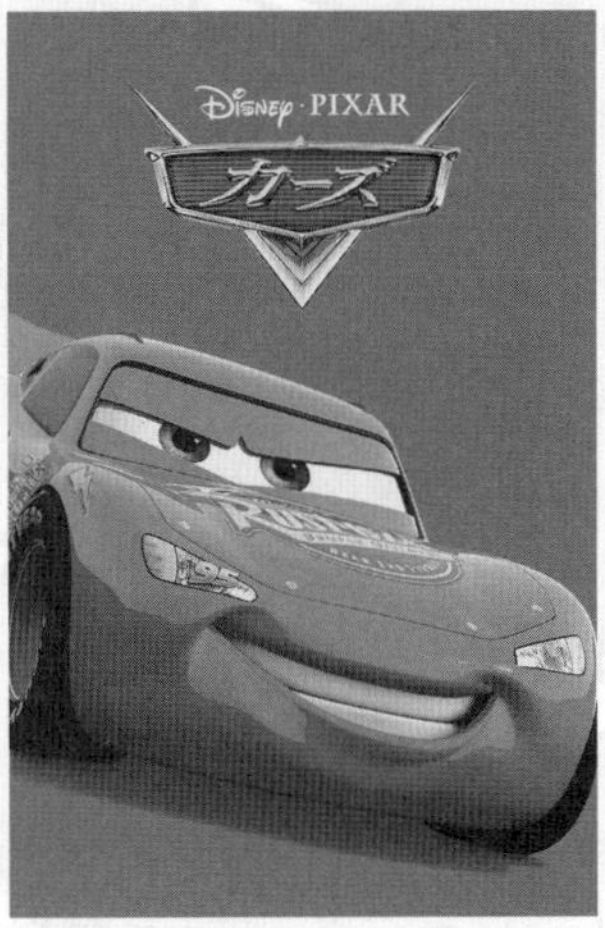

2006年／アメリカ
監督：ジョン・ラセター、ジョー・ランフト

「カーズ」
ディズニー公式動画配信サービス、ディズニープラスで配信中
© 2022 Disney/Pixar
Blu-ray、DVDも発売中

クルマ同士の交流がもたらす奇跡

登場するのは全員クルマで、人間がいっさい出てこない、異色のアニメーション映画です。

カーレースで新人チャンピオンを狙うマックィーンは、才能はあるものの、自信家で自分勝手な一面も。そんなマックィーンが、レースに挑むべくカリフォルニアへ移動する道中、ひょんなことからラジエーター・スプリングスという田舎町に迷い込んでしまいます。最初は田舎町をバカにしていたマックィーン。しかし、ラジエーター・スプリングスで暮らす者たちと触れあうなかで、彼の心も変化していきます。

マックィーンが田舎町での生活で感じたこととは？　そして、それがレースにどんな影響をもたらしたのか？　白熱のカーレースが展開されるクライマックスには、興奮と感動が待っています。

ハービー
機械じかけのキューピッド

2005年／アメリカ
監督：アンジェラ・ロビンソン

「ハービー／機械じかけのキューピッド」
ディズニー公式動画配信サービス、ディズニープラスで配信中
© 2022 Disney
DVDも発売中

表情豊かでかわいいクルマ

レーサー一家のもとで育ち、レーサーを夢見るマギーと、廃車寸前で拾われた不思議なクルマ・ハービーが名コンビとして活躍する物語。

ある日、マギーは中古車置き場で古びたクルマを見つけます。運転席に乗り込んだマギーがエンジンをかけると、暴走気味に勢いよく飛び出したそのクルマの名は「ハービー」。なんとハービーには感情があり、マギーの意思とは裏腹に、自由にドライブを楽しみ始めたのです。

最初はとまどうものの、次第にハービーと心を通わせていくマギー。この出会いが、マギーの人生を変えていくことになります。

ヘッドライトでウィンクしたり、恥ずかしそうにしたりと、くるくると表情が変わるかわいらしいハービーの姿に、きっとあなたも癒されることでしょう。

２月号の答えと解説

解答　ウ

解説

問題の①～⑧のことわざを完成させると下のようになり、残った漢字でできることわざは「仏の顔も三度まで」になります。これは、「どんなに温厚な人でも、無礼を繰り返せば怒り出すこと」をいいますから、これに最も近い意味を持つことわざは、**ウ**の「堪忍袋の緒が切れる」（我慢の限界を達して、こらえていた怒りが爆発すること）になります。

問題の①～⑧のことわざとその意味は、次の通りです。

①　**猫に小判**…価値のわからない人に貴重なものを与えてもムダであることのたとえ。
②　**転ばぬ先の杖**…失敗しないように、前もって十分な準備をしておくこと。
③　**縁の下の力持ち**…めだたないところで、他人のために陰ながら支えたり、苦労したりする人。
④　**石の上にも三年**…つらくても辛抱して続ければ、いつかは成し遂げられるということ。
⑤　**虎の威を借る狐**…力のある者や権力のある者の力を利用して、いばることのたとえ。
⑥　**犬も歩けば棒に当たる**…あまり出しゃばった行動をすると、思わぬ災難にあうという戒め。（また、じっとせず、なんでもいいからやってみれば思わぬ幸運にあうことのたとえにも用いられる。）
⑦　**壁に耳あり障子に目あり**…（どこで誰が聞いているか、誰が見ているかわからない、という意味から）とかく秘密は漏れやすいということ。
⑧　**船頭多くして船山に登る**…指図する人が多過ぎると、まとまりがつかず、見当違いの方向に物事が進んでしまうたとえ。

今月のプレゼント！

省スペース＆疲れにくいクリアーファイル

勉強する際、たくさんのプリントを机に広げると、スペースが足りなくなってしまうこともありますよね。そんなときにおすすめなのが、自立するファイル、その名も「ジリッツ　クリアーファイル」（キングジム）です。

内蔵されたスタンドを引き出し、表紙を広げてストッパーを固定するだけで、ファイルが安定して自立します。ファイルを寝かせたまま閲覧するときに比べて視線が上がるので、疲れにくい体勢で作業することが可能です。立てたままページをめくることもできます。

今回は、Ａ４サイズ・20ポケットの「ジリッツ　クリアーファイル」を、５名さまにプレゼント。カラーは届いてからのお楽しみです。

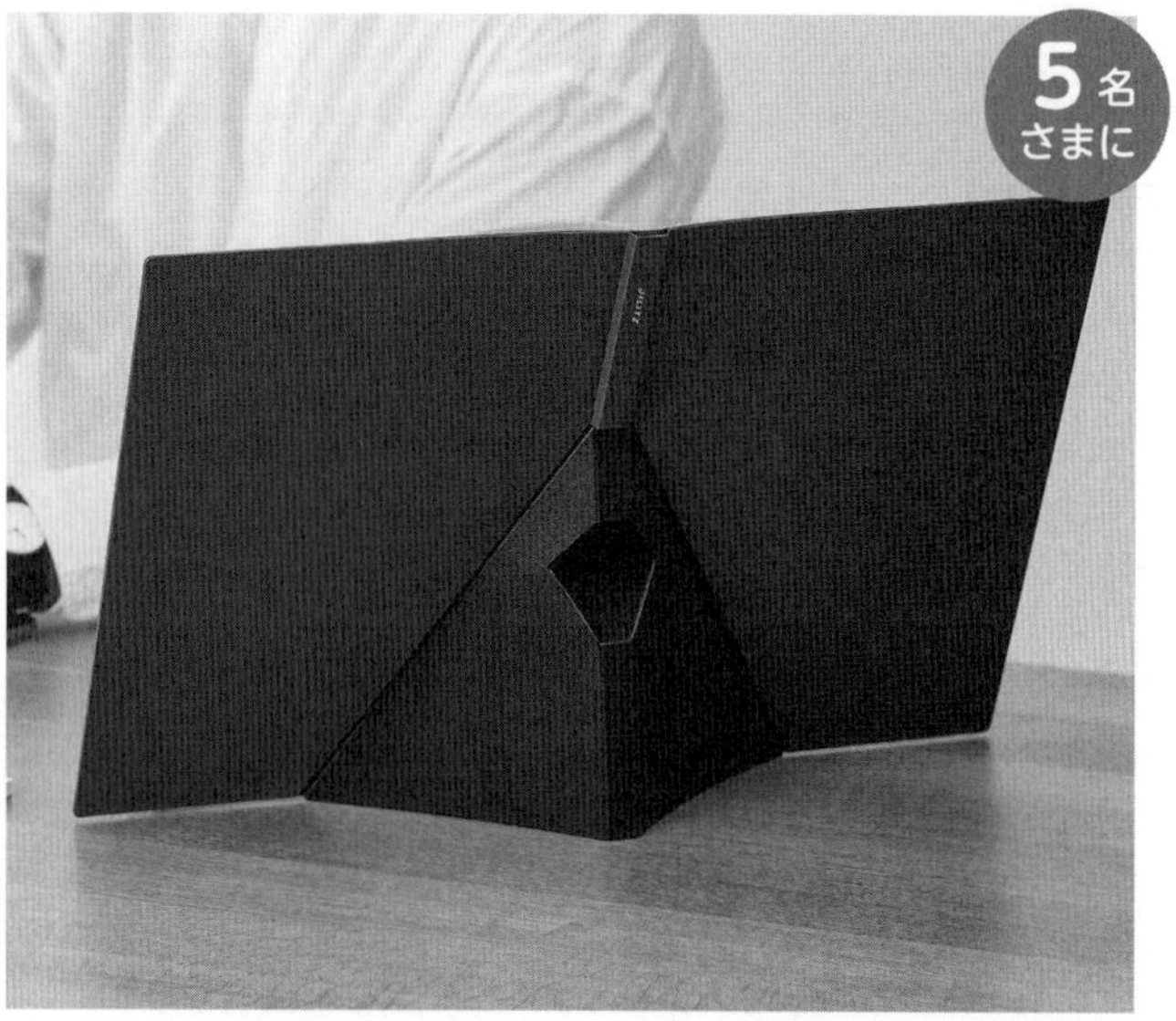

今月号の問題

100円玉は何枚ある？

100円硬貨を何枚か重ねて置いたとき、上からは図1のように見え、正面からは図2のように見えました。

このとき、ここに置かれた100円硬貨の枚数は最大で何枚でしょうか。

図1

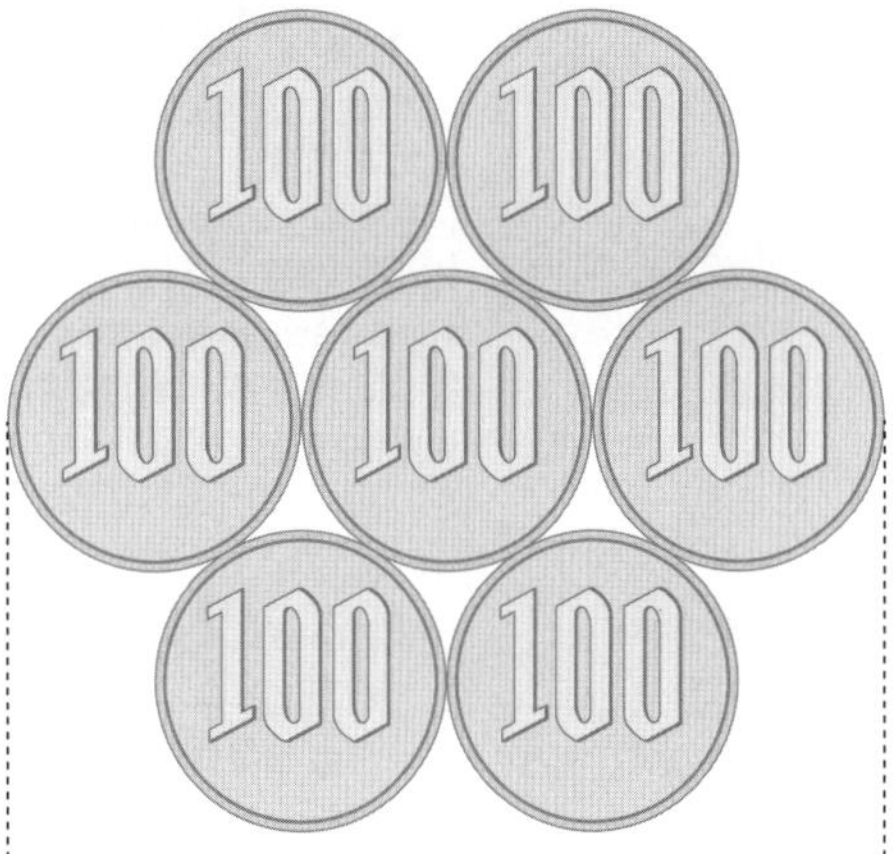

図2

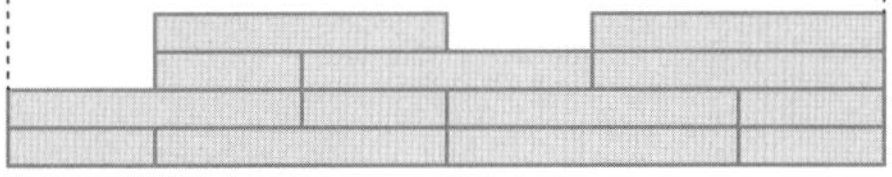

応募方法

下のQRコードまたは104ページからご応募ください。

◎正解者のなかから抽選で右の「**ジリッツ　クリアーファイル**」をプレゼントいたします。

◎当選者の発表は本誌2022年10月号誌上の予定です。

◎応募締切日 2022年6月15日

2月号パズル当選者（全応募者72名）

遠藤　大樹さん（中3・神奈川県）

小宮　夕奈さん（小2・埼玉県）

坂下　　空さん（小5・千葉県）

新田　美月さん（中2・東京都）

古屋　　瞳さん（中3・東京都）

夢が広がる高校選びの情報満載！

Success15

バックナンバー好評発売中！

2022年 4月号

高校受験生のこの1年
どう過ごすかを考える

テクノロジーで大きく進歩
私たちの生活を支える「物流」

Special School Selection
筑波大学附属駒場高等学校

私立高校WATCHING
昭和学院秀英高等学校

公立高校WATCHING
埼玉県立川越女子高等学校

2022年 2月号

本番で実力を発揮できる
強さを作ろう

100分の1ミリで生み出す
「時計」の世界

Special School Selection
開成高等学校

私立高校WATCHING
中央大学附属高等学校

2021年 12月号

スピーキング重視時代
「withコロナ入試」再び

自宅で楽しめる
身近になったVR

Special School Selection
東京都立西高等学校

私立高校WATCHING
明治大学付属中野高等学校

2021年 10月号

まずは公立高校か
私立高校か？

自動運転バスがかなえる
自由な移動

Special School Selection
早稲田大学本庄高等学院

公立高校WATCHING
東京都立立川高等学校

2021年 8月号

まず学校説明会に
参加しよう！

知られざる「緑化」の効果

Special School Selection
東京都立戸山高等学校

私立高校WATCHING
桐朋高等学校

2021年 6月号

挑戦のときがきた

時代に合わせて
変化する「辞書」

Special School Selection
慶應義塾志木高等学校

公立高校WATCHING
神奈川県立川和高等学校

2021年 4月号

高校受験はどう変わる？

JAXAが作る未来の飛行機&ヘリ

Special School Selection
早稲田大学高等学院

高校WATCHING
埼玉県立春日部高等学校
中央大学杉並高等学校

2021年 2月号

戦術あり!? 入試直前アドバイス

ロボット技術の現在と未来

Special School Selection
早稲田実業学校高等部

高校WATCHING
巣鴨高等学校
千葉県立船橋高等学校

2020年 12月号

「with コロナ」で迎える高校入試

見どころ満載の「城」を
もっと楽しもう！

Special School Selection
東京学芸大学附属高等学校

公立高校WATCHING
東京都立青山高等学校

2021年 夏・増刊号

将来が決まる
大学入試のこと

加藤先生の
共通テスト指南書

「SDGs」を通して
未来を考えよう

多彩な国際教育を実践する学校
国際基督教大学高等学校
東京都立国際高等学校
関東国際高等学校
佼成学園女子高等学校

2021年 秋・増刊号

君を成長させてくれる
大学とは

グラフィックレコーディング
を学ぼう

欲張るからこそ輝く高校生活
国学院大学久我山高等学校
東京都立新宿高等学校

これより以前のバックナンバーはホームページでご覧いただけます（https://www.g-ap.com/）

バックナンバーはAmazonもしくは富士山マガジンサービスにてお求めください。

夢が広がる高校選びの情報満載！

Success15

6月号

表紙：東京都立国立高等学校

FROM EDITORS 編集室から

新学期が始まって約1カ月がたちました。新しい環境となり、張り切って色々なことに励んでいる人も多いことでしょう。そんなみなさんにぜひ読んでほしいのが、今回新しく連載が始まった「for中学生 らくらくプログラミング」です。以前より好評の声が多かった「中学生のための経済学」も今号から1ページ増えています。ぜひ、勉強の合間に読んでみてください。

また、特集では陶磁器について取材をしてきました。実際にお店で手に取ってみると、重さや手触り、厚さなど様々なところに個性があり、どれも欲しくなってしまいます。みなさんも職人さんの想いが込められた作品に触れ、自分のお気に入りを探してみてください。　(M)

Next Issue　8月号

Special

学校を知る第1歩
学校説明会に行こう！

Special School Selection

突撃スクールレポート

私立高校WATCHING

ワクワクドキドキ熱中部活動

※特集内容および掲載校は変更されることがあります。

Information

『サクセス15』は全国の書店にてお買い求めいただけますが、万が一、書店店頭に見当たらない場合は、書店にてご注文いただくか、弊社販売部、もしくはホームページ（104ページ下記参照）よりご注文ください。送料弊社負担にてお送りします。定期購読をご希望いただく場合も、上記と同様の方法でご連絡ください。

Opinion, Impression & ETC

本誌をお読みになられてのご感想・ご意見・ご提言などがありましたら、104ページ下記のあて先より、ぜひ当編集室までお声をお寄せください。また、「こんな記事が読みたい」というご要望や、「こういうときはどうしたらいいの」といったご質問などもお待ちしております。今後の参考にさせていただきますので、よろしくお願いいたします。

サクセス編集室 お問い合わせ先

TEL : 03-5939-7928　FAX : 03-3253-5945

今後の発行予定

7月15日 8月号	10月15日 秋・増刊号
8月15日 夏・増刊号	11月15日 12月号
9月15日 10月号	2023年1月15日 2023年2月号

FAX送信用紙

※封書での郵送時にもコピーしてご使用ください。

101ページ「100円玉は何枚ある？」の答え

氏名

学年

住所（〒　　　－　　　）

電話番号

（　　　　）

現在、塾に

通っている　・　通っていない

通っている場合

塾名

（校舎名　　　　）

面白かった記事には○を、つまらなかった記事には×をそれぞれ３つずつ（　）内にご記入ください。

（　）04 Special School Selection 東京都立国立高等学校
（　）11 研究室にズームイン 明治大学　黒田洋司教授
（　）19 日々の暮らしを彩る 陶磁器の世界にご招待！
（　）26 私立高校WATCHING 青山学院高等部
（　）30 公立高校WATCHING 神奈川県立厚木高等学校
（　）34 ワクワクドキドキ　熱中部活動 明治大学付属明治高等学校 マンドリン部
（　）38 突撃スクールレポート 鎌倉学園高等学校
（　）40 志望校探し 自分に合った高校を選ぶには
（　）46 受験生のための明日へのトビラ
（　）48 スクペディア 江戸川女子高等学校
（　）49 スクペディア 杉並学院高等学校
（　）50 スクペディア 二松学舎大学附属高等学校
（　）51 スクペディア 江戸川学園取手高等学校
（　）52 2022年度首都圏公立高校入試結果
（　）60 レッツトライ！　入試問題
（　）62 帰国生が活躍する学校 三田国際学園高等学校
（　）64 中学生の未来のために！ 大学入試ここがポイント
（　）66 東大入試突破への現代文の習慣
（　）72 東大生リトの とリとめのない話
（　）74 キャンパスデイズ十人十色
（　）78 マナビー先生の最先端科学ナビ
（　）80 for 中学生 らくらくプログラミング
（　）82 なぜなに科学実験室
（　）86 中学生のための経済学
（　）88 耳よりツブより情報とどきたて
（　）89 ピックアップニュース！
（　）90 思わずだれかに話したくなる 名字の豆知識
（　）92 ミステリーハンターＱの タイムスリップ歴史塾
（　）93 サクセス印のなるほどコラム
（　）94 中学生でもわかる 高校数学のススメ
（　）98 Success Book Review
（　）99 サクセス映画館
（　）100 解いてすっきり パズルでひといき

FAX.03-3253-5945 FAX番号をお間違えのないようお確かめください

サクセス15の感想

高校受験ガイドブック2022 6　Success15

発　行：2022年５月18日 初版第一刷発行
発行所：株式会社グローバル教育出版　〒101-0047 東京都千代田区内神田2-5-2 信交会ビル3F
ＴＥＬ：03-3253-5944
ＦＡＸ：03-3253-5945
Ｈ　Ｐ：http://success.waseda-ac.net/
e-mail：success15@g-ap.com

郵便振替口座番号：00130-3-779535
編　　集：サクセス編集室
編集協力：株式会社 早稲田アカデミー

【個人情報利用目的】ご記入いただいた個人情報は、プレゼントの発送およびアンケート調査の結果集計に利用させていただきます。